Zu diesem Buch Als 1868 bei Straßenbauarbeiten in der Nähe des Dorfes Les Eyzies (Dordogne, Südfrankreich) mehrere Skelette von Frühmenschen freigelegt wurden, wußte zuerst niemand, wie diese Funde einzuordnen seien.

Der Felsüberhang, unter dem die Skelette ausgegraben wurden, hieß Cro-Magnon, denn hier hatte einmal für einige Zeit der Einsiedler Magnou gelebt, dessen Namen in dieser verstümmelten Form von nun an auch die neuentdeckten Menschen trugen.

Im Laufe der letzten 50 Jahre gelang es, mit immer genaueren wissenschaftlichen Methoden die Cro-Magnon-Menschen exakt in die menschliche Evolutionsreihe einzuordnen: Die bei Les Eyzies gefundenen Menschen lebten vor etwa 25 000 Jahren. Sie glichen nicht nur äußerlich dem modernen Menschen. Wie alle heutigen Menschen auf der Erde werden sie zu den Homo sapiens sapiens gerechnet.

Dieses Buch bietet einen umfassenden Blick auf das Panorama der Cro-Magnon-Zeit, die vor 40 000 Jahren begann und bis in die Zeit reichte, in der sich der Ackerbau und die Metallbearbeitung entwickelten und die ersten städtischen Siedlungen gegründet wurden.

Der Autor Tom Prideaux war Redakteur bei der Zeitschrift LIFE. Er wurde von den beiden Anthropologen Philip E. Smith und Richard Klein beraten.

Umschlagfoto © Novosti Presseagentur
Der sowjetische Wissenschaftler Mikhail Gerassimow rekonstruierte mit viel Erfolg Gesichter nach zeitgenössischen Skeletten, um der Polizei beim Identifizieren vermißter Personen zu helfen. Als Gerassimow den abgebildeten Kopf eines Cro-Magnon-Menschen anfertigte, ging er von einem Cro-Magnon-Schädel aus, um den er die Weichteile aus Wachs modellierte (siehe auch S. 12/13).

Die Frühzeit des Menschen

Der Cro-Magnon-Mensch

von Tom Prideaux
und der Redaktion der
TIME-LIFE-Bücher

rororo

Rowohlt

Titel der Originalausgabe: «Cro-Magnon-Man»
Aus dem Englischen übertragen von Gisela Lickteig
Für die Taschenbuchausgabe eingerichtet und
bearbeitet von Jürgen Volbeding
Layout Edith Lackmann
Umschlagentwurf Werner Rebhuhn

Veröffentlicht im Mai 1977 mit freundlicher Genehmigung
TIME-LIFE-BOOKS, Time Inc., New York

Original English language edition published by Time Inc.
in the United States
Deutsche Taschenbuchausgabe:
Rowohlt Taschenbuch Verlag GmbH, Reinbek bei Hamburg
Satz: Clausen & Bosse, Leck/Schleswig
Druck: Mühlmeister & Johler, Hamburg
Umschlagdruck und buchbinderische Verarbeitung:
Clausen & Bosse, Leck/Schleswig
Printed in Germany
880-ISBN 3 499 18068 5

Inhaltsverzeichnis

Einführung

Der in diesem Buch behandelte Zeitraum – der Ausklang des letzten Eiszeitalters vor rund 10000 bis 40000 Jahren – war die große Zeit der Jäger und Sammler. Am Ende dieser Epoche büßten die Jäger und Sammler ihre Vormachtstellung unter den Menschen ein, da bald darauf neue und andere Arten der Anpassung zu Ackerbau und Viehzucht und dem Entstehen kleiner und großer Städte führten.

Seit einem Jahrhundert fasziniert das große Zeitalter der Jäger und Sammler viele Prähistoriker. Manche sehen darin vielleicht unbewußt so etwas wie eine letzte Phase des «Naturmenschen». Andere mögen diesen Abschnitt als ein Versuchsfeld für Ideen und Techniken betrachten, die den Menschen zu einer höheren Stufe der Erkenntnis und des Selbstbewußtseins geführt haben. Wieder andere fragen sich, ob der Mensch die damals erreichten Ausdrucksmöglichkeiten überhaupt noch übertreffen konnte, wie sie uns überliefert sind in den erstaunlichen Kulturen, die gegen Ende der letzten Eiszeit in Westeuropa ihre Blütezeit erlebten und in denen die großartigen Höhlenmalereien entstanden.

Ohne Zweifel ist diese Zeit für uns so reizvoll, weil die Träger ihrer Kulturen uns selbst glichen. Seit dem 19. Jahrhundert bezeichnet man sie als Cro-Magnon-Menschen. Diese Bezeichnung, die zunächst an den Südwesten Frankreichs gebunden war, wurde bald auch auf prähistorische Jäger und Sammler bezogen, die niemals auch nur in die Nähe der Felsen bei Les Eyzies kamen, wo man im Jahre 1868 die ersten Überreste von Cro-Magnon-Menschen fand.

Der Cro-Magnon-Mensch wird heute von vielen als der Inbegriff des *Homo sapiens sapiens* verstanden. Archäologen und Anthropologen wissen, daß die Dinge sehr viel komplizierter sind und daß der Begriff (sei damit nun ein Menschentyp oder eine genetisch verwandte Bevölkerungsgruppe gemeint) wahrscheinlich auch in Europa bis zum äußersten gedehnt worden ist. Wenn die Vergangenheitsforscher auch die Anwendung in diesem sehr weiten Sinne keineswegs beglückt, sind sie sich doch darüber im klaren, daß sie sich mit den Märchen und Mißverständnissen, die ihre Vorgänger so erfolgreich verbreitet haben, abfinden müssen. Der Begriff Cro-Magnon-Mensch hat sich inzwischen als mehrdeutig und unzulänglich erwiesen, doch er wird wohl noch eine ganze Weile seine Gültigkeit behalten.

Die Wissenschaftler können vielleicht nicht genau sagen, wann die Ära des ersten modernen Menschen begann und wann sie zu Ende ging, doch sie wissen, daß vor mindestens 40000 Jahren in verschiedenen Teilen der Alten Welt eine Verschiebung unter den Kulturen stattfand und daß damals neue Schwerpunkte gesetzt wurden.

Diese neuen Menschen hatten von ihren Vorfahren ein großes, leistungsfähiges Gehirn ererbt und eine brauchbare Technologie übernommen, so daß ihnen ein sehr viel größerer Sprung nach vorn gelang als allen ihren Vorläufern in einem vergleichbaren Zeitraum. Auf den Gebieten der Ästhetik, der Kommunikation und der Symbolik, der Technologie, der Anpassungsfähigkeit und vielleicht auch der sozialen Organisation, die hier neue Formen annahm, und des differenzierten Verständnisses der Mitmenschen vollzog sich zur Zeit dieser ersten modernen Menschen ein Wandel, der weltweite Auswirkungen haben sollte.

Philip E. L. Smith
Professor der Anthropologie
University of Montreal

Dieser Wisent wurde von einem Cro-Magnon-Menschen in die lehmige Wand der Höhle von Niaux geritzt.

Als eines der frühesten Porträts überhaupt wurde dieses Profil eines Cro-Magnon-Menschen vor rund 13 000 Jahren in eine harte Kalksteinplatte eingeritzt. Die Platte entdeckte man in einer Höhle in der Nähe von Vienne im oberen Rhonetal.

1. Der erste moderne Mensch

Die Gegend hieß zwar Gorge d'Enfer oder die Höllenschlucht, aber sie erinnerte eher an ein kleines ländliches Paradies. Ich gelangte auf einem Feldweg dorthin, der ungefähr 800 m außerhalb des Dorfes Les Eyzies in der Dordogne im Südwesten Frankreichs von der Hauptstraße abbog. Der Weg stieg leicht an und führte durch einen offenen Wald mit efeubewachsenen Bäumen. Der moosbedeckte Boden war weich, doch zwischen den Bäumen ragten immer wieder riesige überhängende Felsen hervor. An diesem Frühlingsnachmittag boten sie willkommenen Schutz gegen die Regenschauer. Zweifellos hatten sie das auch schon für den frühen Menschen getan, der vor 30000 oder 40000 Jahren diese Gegend bewohnte, die sich seither nicht wesentlich verändert hat. Ich nehme an, ihren jetzigen Namen erhielt sie von einem phantasievollen Franzosen, den wohl die zerklüfteten Felsen im Mondlicht an die Hölle gemahnten.

Ich besuchte die Schlucht, weil ich hier mit Christian Archambeau verabredet war, der die prähistorischen Ausgrabungen in der Dordogne überwachte. Fast alle diese Stätten und Höhlen, wo man Überreste früher Menschen in großer Zahl gefunden hat, kann man normalerweise besuchen, indem man einfach zu einem nahe gelegenen Bauernhof geht und dort bittet, der Besitzer oder sonst jemand von der Familie möge einen begleiten. Für ein geringes Entgeld schließt dieser Führer das Metalltor am Höhleneingang auf, schaltet innen das Licht an und begleitet einen durch die Höhle. Aber in Les Combarelles verwies man mich an Archambeau, der zu all den verschiedenen Höhlen der Gegend einen Schlüssel besaß.

Ein prähistorischer Zoo. Wie ich bald herausfand, war der einzige Haken bei der Sache, daß Archambeau gerade in die Schlucht gefahren war, wo er mit einem Dutzend anderer Männer der höchst ungewöhnlichen Beschäftigung nachging, einen Wisent «auszupacken». Der Wisent befand sich in einer großen Kiste, die wie ein hohes Klavier aussah und hinten auf einem Lastwagen mit Stricken festgebunden war. Das Tier hatte eine fast 500 km lange Reise hinter sich, es kam nämlich aus dem Zoo in Vincennes in der Nähe von Paris. Der Lastwagen fuhr gerade rückwärts hinauf zu einem großen Gehege, das man aus Holzstämmen für den neuen Bewohner gezimmert hatte.

Als ich Archambeau fand, erklärte er mir, was es mit dem Wisent auf sich hatte, und erzählte mir von dem Plan, daß man hier in der Gorge d'Enfer einen kleinen Wildpark einrichten wolle, in dem alle Tiere Platz fänden, die mit denen verwandt seien, die hier in prähistorischen Zeiten gelebt hatten.

Er führte mich den Pfad weiter hinauf zu einer eingezäunten Wiese und zeigte mir dort Mufflons oder Wildschafe, und auf einer anderen Koppel sah ich zwei Wildesel (*Equus hemionus*), mit Pferden und Eseln verwandte Tiere, die hier in den wärmeren Interglazialzeiten (Zwischeneiszeiten) gelebt hatten.

Ein Zoologe aus Vincennes überwachte, wie zwei Gefäße mit Quellwasser und ein mit Karotten garnierter Heuhaufen in das Gehege gebracht wurden. Die Kiste bugsierte man in den Eingang des Geheges, dann wurde langsam eine Holzplatte an der Seite hochgezogen. Zunächst schob sich ein einzelner schwarzer Huf heraus, und dann folgte ein behaartes Bein. Plötzlich hatte der Wisent sich ganz freigearbeitet, wagte ein paar unsichere Schritte und schaute sich dann verdutzt um.

Als der Zoologe sich vergewissert hatte, daß sein Schützling gut untergebracht war, erzählte er mir, daß dieser zu der fast ausgestorbenen Rasse des *Bison bonasus* gehöre, ein naher Verwandter des ausgestorbenen *Bison priscus*, der von den prähistorischen Menschen in Europa gejagt, gegessen und dargestellt worden war. Herden dieses *Bison bonasus* mit seinem dichten Fell hatten einst diese grasbewachsenen Ebenen bewohnt, später wurden sie in den Arenen des caesarischen Rom vorgeführt. Heute gibt es nur noch ein paar hundert Exemplare des *Bison bonasus*, und die meisten von ihnen leben in einem Naturschutzgebiet in Polen. Da sie jetzt soviel Schutz genießen, vermehren sie sich allmählich auch wieder.

Archambeau fuhr bald mit mir nach Les Combarelles zurück, wo ich meine Kenntnisse der Kunst der Steinzeit wieder auffrischen konnte. Doch der Wisent wollte mir nicht aus dem Kopf, und am letzten Morgen meines Aufenthalts in Les Eyzies ging ich noch einmal zu ihm. Er war allein, fraß Gras und rieb seinen Kopf an einem Baumstamm. Ich steckte meinen Kopf durch die Baumstämme, aus denen sein Gehege gezimmert war, und er – wohl etwas neugierig – kam langsam näher, bis sein großer struppiger Kopf ganz dicht an meinem war. Wir starrten uns gegenseitig an. Die Furchen und Falten um seine Augen herum ließen diese seltsam rätselhaft erscheinen, und ich mußte an die gemalten Augen auf den in alten ägyptischen Gräbern gefundenen Statuetten denken.

Ich kann nicht behaupten, daß irgendeine mystische Seelenverwandtschaft zwischen uns bestand, aber seine Nähe berührte mich seltsam. Wie ich war er ein warmblütiges Säugetier auf dem Planeten Erde, wie ich ein Geschöpf, das in der langen Parade der Evolution mitmarschierte. Wir gingen aneinander vorbei, er vielleicht schon im Abmarsch begriffen, während meine Spezies wahrscheinlich noch im Anmarsch ist. Der Wisent hatte einen eigenartigen Eindruck auf mich gemacht. Er war eine lebendige Brücke in die Vergangenheit, er führte mich zurück in die Welt des frühen Menschen. Als ich die Gorge d'Enfer verließ, warf ich noch einmal einen letzten Blick zurück. Da stand der Wisent unbeweglich vor der Felswand, die sein

Gehege nach hinten abgrenzte, und er kam mir vor wie ein zum Leben erwachtes Höhlengemälde. Irgendwie paßte es zusammen, daß wir uns in der Gorge d'Enfer trafen – der Wisent, der aus der Vorgeschichte übriggeblieben war, und ich, der ich mich studienhalber mit ihr befaßte –, mitten in dieser Landschaft, die man vielleicht als das ergiebigste prähistorische Museum bezeichnen kann. Ich vermute, daß die Archäologen in den letzten 100 Jahren in den 9000 km^2 des Dordognegebietes mehr Werkzeuge und Überreste des frühen Menschen gefunden haben, als in irgendeiner anderen Region vergleichbarer Größe. Und in dem etwa 1,5 km von der Schlucht entfernten Les Eyzies war der Beweis erbracht worden, daß es tatsächlich schon in prähistorischen Zeiten moderne Menschen gab.

Wie der Begriff «Cro-Magnon-Mensch» entstand. In einer der vielen Kalksteinwände, die hinter dem Dorf aufragen, trugen die Straßenbauarbeiter das Erdreich unter einem überhängenden Felsen ab und brachten dabei Knochen und an Werkzeuge erinnernde Steingeräte zum Vorschein. Es wurden Wissenschaftler hinzugezogen, die bald die Reste von mindestens vier menschlichen Skeletten freilegten. Ein Mann mittleren Alters, ein oder zwei junge Männer, eine junge Frau und ein Kind im Alter von zwei bis drei Wochen waren dort mit Werkzeugen und Waffen aus Feuerstein, durchlochten Muscheln und ähnlich durchlochten Tierzähnen begraben worden. Der Felsüberhang, unter dem man sie ausgrub, hieß Cro-Magnon, denn hier hatte einst der Einsiedler Magnou gelebt, dessen Namen in dieser verstümmelten Form von nun an auch die neuentdeckten Menschen trugen.

Es war natürlich nichts Ungewöhnliches, im Boden menschliche Skelette zu finden. Aber zwei Besonderheiten dieses Fundes waren von großer Bedeutung. Erstens waren sich die Geologen, die anschließend den Fundort untersuchten, alle einig, daß diese Überreste von Menschen stammen mußten, die lange vor dem Beginn der eigentlichen Geschichte gelebt hatten, obwohl man sie zeitlich nicht genau einordnen konnte. Weiterhin wurde bald klar, daß sie dem modernen Menschen äußerlich sehr ähnlich gewesen sein dürften. Diese Behauptungen, so wenig exakt sie auch waren, machten Schlagzeilen zu einer Zeit, in der man sich im großen und ganzen mit der biblischen Schöpfungsgeschichte zufriedengegeben und sich noch keine klare Vorstellung von der wirklichen Vorgeschichte des Menschen gemacht hatte.

Im Laufe der Jahre hat man aber mehr aus den Cro-Magnon-Skelettresten herauslesen können, und die Ergebnisse wurden immer erstaunlicher: Die Cro-Magnon-Menschen lebten vor etwa 25000 Jahren, und sie ähnelten nicht nur dem modernen Menschen, sondern waren moderne Menschen. Sie hatten nichts mehr vom Affen, nicht einmal mehr die vorstehenden Brauen und die fliehende Stirn, durch die sich alle ihre menschlichen Vorfahren, der *Homo erectus* und der frühe *Homo sapiens* einschließlich des Neandertalers,

Ist es möglich, an Hand eines fossilen Schädels den Kopf eines Menschen der Vorzeit genau nachzubilden? Viele der unternommenen Versuche sind fragwürdig, und verschiedene Sachverständige sind zu abweichenden Ergebnissen gekommen, obwohl sie von demselben Fossil ausgegangen waren. Aber Mikhail Gerassimow (oben), ein sowjetischer Archäologe und Künstler, hielt den von ihm nachgebildeten Cro-Magnon-Menschen (ganz rechts) für eine lebensechte Wiedergabe.
Unter anderem war sich Gerassimow seiner Sache so sicher, weil er mit viel Erfolg Gesichter nach zeitgenössischen Skeletten rekonstruiert hatte, um der Polizei beim Identifizieren vermißter Personen zu helfen. Aus der Größe und der Form der Knochen schloß er auf die Konturen des Gesichts.
Als Vorstufe zu der Nachbildung legte Gerassimow die äußere Abgrenzung des Gesamt-

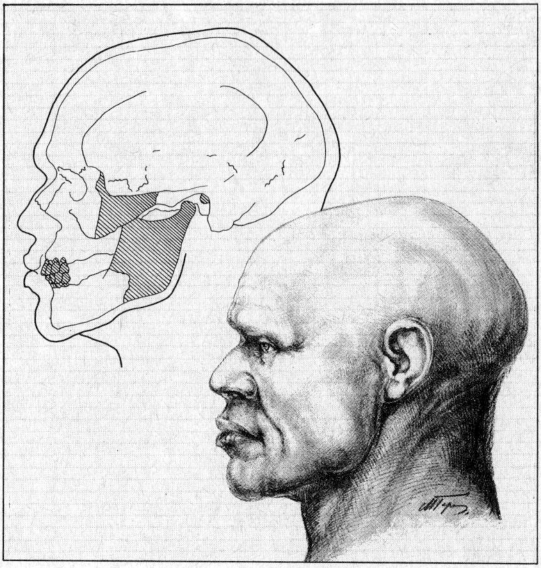

profils fest, und zwar genau nach den Konturen des vorhandenen Knochenfossils (schraffierte Partien weisen auf fehlende Teile hin). In die Konturenskizze hinein werden dann die Weichteile plastisch gezeichnet.

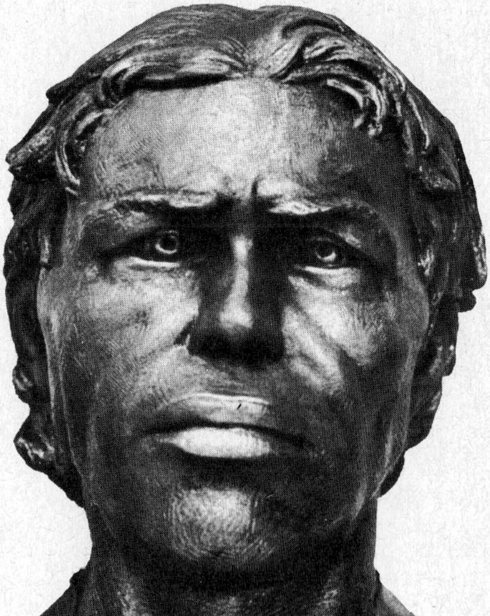

von ihnen unterschieden. Tatsache ist, daß sie wie alle heutigen Menschen auf unserer Erde von den Wissenschaftlern zum *Homo sapiens sapiens* gerechnet werden.

Seit 40000 Jahren gibt es den Homo sapiens sapiens, den modernen Menschen. Die Cro-Magnon-Menschen waren in jeder Beziehung modern. Sie unterschieden sich von ihren heute in Europa lebenden Artgenossen nicht mehr, wie sich vielleicht die Iren von den Österreichern unterschieden. Im ganzen gesehen waren diese frühen Menschen nicht so hochgewachsen wie der Durchschnittseuropäer heute, doch hatten sie größere Köpfe und vielleicht auch Gehirne. Die Männer waren durchschnittlich 1,72 m groß, hatten eine hohe Stirn, ein vorstehendes Kinn, eine «Adlernase» und kleine regelmäßige Zähne. Sie waren größer als die Frauen, was auch auf die Europäer von heute zutrifft. Die meisten Wissenschaftler sind sich einig, daß die Ähnlichkeit der Menschen im Cro-Magnon-Tal mit den modernen Menschen sich nicht nur auf den Bau des Skeletts beschränkte. Wahrscheinlich hatten auch sie eine ziemlich helle Hautfarbe und waren ungefähr ebenso behaart wie die modernen Kaukasier.

Man hat allen Grund anzunehmen, daß die Cro-Magnon-Menschen bei entsprechender Ausbildung durchaus mit den Schwierigkeiten des modernen Lebens in unserer Welt von heute fertig würden. Ihre Intelligenz würde ausreichen, und sie hätten nur das Problem, sich dem Stand unserer Zivilisation anzupassen. Die ersten modernen Menschen waren nämlich Jäger und Sammler wie alle Menschen, die vor ihnen da waren, und ihre Werkzeuge und Waffen waren noch die der Steinzeit.

Die Cro-Magnon-Menschen sollten diesen fast zwei Millionen Jahre alten Lebensstil noch viele Jahrtausende lang nicht aufgeben. Aber sie besaßen die Voraussetzungen, große Veränderungen in die Wege zu leiten, denn sie unterschieden sich von ihren Vorgängern nicht nur in der äußeren Erscheinung. Sie waren intelligenter, und auf Grund ihrer geistigen und körperlichen Fähigkeiten konnten sie als die ersten menschlichen Wesen wie moderne Menschen sprechen. Die volle Beherrschung der Sprache erwies sich als unschätzbarer Wert, denn damit bahnten sich umwälzende Veränderungen in der menschlichen Gesellschaft an.

So muß man sich die Menschen vorstellen, von denen man in Cro-Magnon zum erstenmal Skelettreste gefunden hat. Im streng archäologischen

Dieser Felsüberhang ist das Ergebnis eines schnellen Erosionsvorgangs. Unter der überhängenden Felsbank aus hartem Kalkstein befinden sich weichere Gesteinsschichten, die durch ständiges Frieren und Tauen im Laufe der Zeit langsam abbröckelten. Irgendwann wird diese Felsbank wie viele andere vor ihr so weit unterhöhlt sein, daß sie einstürzt.

Sinn gilt der Name Cro-Magnon nur für die Menschen, die vor ungefähr 10000 bis 35000 Jahren, also in der Zeit, die man, auf Europa bezogen, das Jungpaläolithikum nennt, im Südwesten Frankreichs lebten. Aber im weiteren Sinne wird die Bezeichnung Cro-Magnon oft auch für die ersten modernen Menschen überhaupt verwendet, deren früheste Vertreter vor rund 40000 Jahren auf der Erde erschienen. Je nachdem, wo sie lebten, unterschieden sie sich im Aussehen und im Verhalten voneinander genauso, wie sich heute die Japaner in ihrer äußeren Erscheinung und in ihren Sitten von den Franzosen unterscheiden. Aber sie alle benutzten Steinwerkzeuge und waren Jäger und Sammler, also die letzte über die ganze Welt verbreitete Menschengattung, die sich noch in dieser Weise ernährte, ehe das Zeitalter des Ackerbaus und der Viehzucht anbrach.

Die Menschen der Cro-Magnon-Zeit breiteten sich in alle bewohnbaren Gegenden der Erde aus und schufen sich überall dort eine Heimat, wo Menschen seither gelebt haben. Sie waren die ersten Menschen, die in die arktischen Regionen vorstießen; sie lernten, sich Kleider und Behausungen zu fertigen, die sie erfolgreich gegen dieses unwirtliche Klima schützten; und sie waren auch die ersten Menschen, die in Nord- und Südamerika und auf dem australischen Kontinent Fuß faßten.

Ihre Vorfahren waren schon seit Millionen von Jahren Jäger gewesen, doch diese ersten modernen Menschen stellten sich bei der Jagd besonders geschickt an. Sie verwendeten neue Waffen und Techniken, um Tiere aller Art zu erlegen und neue Nahrungsquellen zu erschließen. Zum Beispiel fingen sie Vögel und Fische und brachten es dabei zu einer nie vorher gekannten Meisterschaft. Und etwa zur gleichen Zeit erreichten viele von ihnen als Sammler von pflanzlicher Nahrung einen Punkt, der vom Ackerbau nur noch einen Schritt entfernt war.

Technik und Kunst. Man kann sagen, daß die Cro-Magnon-Menschen die ersten Lebewesen mit technischem Verstand waren. Sie erfanden die ersten rohen Formen gebrannter Keramik, sie bauten Brennöfen und heizten mit Kohle. Von ihnen wurden wahrscheinlich auch die ersten Körbe geflochten. Nicht nur in der Herstellung und Verwendung von Steinwerkzeugen machten sie große Fortschritte, sondern auch in der Verfeinerung ihrer Werkzeuge, Waffen und Gebrauchsgegenstände, die sie aus Knochen, Elfenbein, Geweihen und aus Holz herstellten. Sie kleideten sich besser, legten heißer brennende Feuerstellen an, bauten sich größere Wohnungen und ernährten sich abwechslungsreicher als die Menschen vor ihnen.

Die wichtigste Errungenschaft des Cro-Magnon-Menschen ist vielleicht die Kunst, die uns auf Höhlenwänden und -decken, in Tonfiguren und verzierten Gegenständen so vollendet überliefert ist. Nie zuvor entwickelten Menschen so viel Sinn für das ästhetische Schöne wie die Cro-Magnon-Künstler selbst in ihren bescheidensten Werken. Ihre besten Malereien und

Skulpturen gehören noch heute zu den bedeutendsten der Welt.

Diese ersten modernen Menschen wurden immer erfolgreicher im Entwickeln neuer Überlebenstechniken. Da sie mit allen möglichen äußeren Lebensbedingungen fertig wurden, wuchs die Bevölkerung in manchen Teilen der Erde bis auf das Zehnfache an. Gegen Ende ihrer Zeit vor rund 10000 Jahren hatten sie den Boden bereitet für die letzten Streckenabschnitte auf dem Weg zum Menschen; für den Ackerbau, die Viehzucht, die Metallbearbeitung, die Religion, die Schrift und die komplexen Formen des gesellschaftlichen und politischen Lebens.

Ideale Voraussetzungen in Südfrankreich. Seit einigen Jahren suchen die Prähistoriker in verschiedenen Teilen der Erde nach den Ursprüngen des Menschen: in Afrika, im Orient, in Australien und auf beiden Teilen des amerikanischen Kontinents. Aber die Geschichte der ersten modernen Menschen beginnt strenggenommen in Frankreich, wo 1868 in Les Eyzies der erste Fundort freigelegt wurde und seither vier Generationen von Archäologen aus verschiedenen Ländern Ausgrabungen machen, diese untersuchen und diskutieren.

In dieser kleinen Stadt kann man sich nicht der Bedeutung und dem unleugbaren Reiz der Vergangenheit verschließen. Nachdem ich eine Stunde oder zwei mit dem Wagen die Umgebung erforscht hatte, blieb als stärkster Eindruck zurück, daß ihre geologische Beschaffenheit die Menschen geradezu einladen mußte, hier zu leben. Fast möchte man von einer großen offenen Stadt sprechen, die von den Architekten so geplant war, daß die weiten, zwischen den Kalksteinfelsen kreuz und quer verlaufenden Täler wie breite Alleen wirkten. Die Felsen schienen sich für menschliche Wohnungen besonders gut zu eignen.

Sie bildeten sich vor mehr als einhundert Millionen Jahren durch die Ansammlung von winzigen kalkhaltigen Lebewesen auf dem Boden des flachen Meeres, das einst ganz Europa bedeckte. Billionen und aber Billionen dieser kleinen Betonmischer halfen, ein Baumaterial zu schaffen, das sich für die zukünftige Rasse des Menschen als sehr nützlich erweisen sollte. Der Fels war fest und doch formbar. Flüsse und Wasserfälle hatten Löcher und Tunnel hineingefressen, und es waren Felsüberhänge, Höhlen, Felsbänke und Felsportale entstanden.

Der Eingang zu der prähistorischen Höhle von Font-de-Gaume befindet sich auf halber Höhe an einem Felsen, der in ein kleines Tal hineinragt.

Die Cro-Magnon-Menschen waren nicht die ersten Bewohner dieses schönen Fleckchens Erde. Neandertaler und noch ältere Menschen hatten viele dieser Höhlen und Felsüberhänge vor ihnen benutzt, wie aus Werkzeugen und Fossilien, die man in den unteren Erdschichten der Höhlen gefunden hat, ersichtlich ist. Etwa 23 km von Les Eyzies entfernt liegt zum Beispiel die Höhle von Combe-Grenal, wo man Tausende von Werkzeugen ausge-

1

1. Die Höhlenwohnungen der frühen Menschen entstanden zum Beispiel dadurch, daß von einem Plateau mit Nadelbaumbestand Wasser in die Ritzen im Kalkstein hineinsickerte. Durch die Chemikalien im Boden bekam es eine ätzende Wirkung und laugte immer größere Hohlräume aus, bis es sich schließlich durch das Gestein zu dem Fluß, der die Öffnung der Höhle bildete, hindurchgefressen hatte.
2. Zur Zeit der Cro-Magnon-Menschen war der Wasserstand des Flusses auf Grund von geologischen Veränderungen so weit gesunken, daß die Höhle jetzt trocken und bewohnbar war. Aber das Wasser setzte seine erodierende Tätigkeit fort. Die Höhlendecken wurden dünner und brachen an manchen Stellen ein, wodurch auf dem Plateau Bodensenken entstanden. Außerdem schuf das Wasser unterhalb der größeren Höhlen kleinere Hohlräume.
3. In jüngster Zeit ist der vom Wasser erodierte Kalkstein eingebrochen und hat den Eingang der Höhle verschüttet. In den Bodensenken auf dem Plateau, auf dem jetzt nicht mehr Nadelbäume, sondern Laubbäume wachsen, haben sich Erdreich, Blätter und Zweige abgelagert. Die ursprünglich offene Höhle ist jetzt abgeriegelt, und die Artefakte (Erzeugnisse menschlichen Könnens, vorgeschichtliche Werkzeuge) und Knochen sind in ihr eingeschlossen.

2

3

graben hat, die wahrscheinlich von Neandertalern stammen. Ob die Cro-Magnon-Menschen wohl von diesen älteren Bewohnern ihres heimatlichen Bodens wußten, auf Grund von überlieferten Ritualen oder spezifischen Kunstgegenständen? Uns ist es unmöglich, darüber etwas zu sagen. Aber es ist nicht weit hergeholt, wenn wir annehmen, daß sie vage von dieser Vergangenheit Kenntnis hatten und daß ihre Heimat dadurch für sie noch größere Anziehungskraft besaß.

Doch die Dordogne hatte für die Menschen der Vorgeschichte noch einen anderen Vorteil: Die Natur bot ihnen hier außergewöhnliche Reichtümer. Das Massif Central, ein Hochplateau, das sich durch ganz Mittelfrankreich zieht, beginnt etwa 80 km östlich von Les Eyzies. Die Hochebenen waren im Sommer wahrscheinlich ideale Jagdgründe mit Rentieren, Pferden und Wisenten in Hülle und Fülle. Westlich von Les Eyzies gab es in der Tiefebene, die sich bis zur Atlantikküste erstreckte, ergiebiges Weideland. Die Vézère verlief damals schon mehr oder weniger so wie heute. Man hatte also Wasser, und die späteren Cro-Magnon-Menschen, die inzwischen gelernt hatten, Fische zu fangen, fanden dort einen reichlichen Vorrat. Viele der Höhlen sind nach Süden geöffnet und bieten auf diese Weise ein Maximum an Wärme und den besten Schutz gegen die kalten Winterwinde. Da die Jäger hier alle erdenklichen Annehmlichkeiten hatten, ist es wahrscheinlich, daß sie sich in dieser besonders begünstigten Gegend fast das ganze Jahr aufhielten, während zur gleichen Zeit noch viele Menschen an anderen Stellen der Erde als Nomaden lebten und dem Wild auf seinen jahreszeitlich bedingten Wanderungen folgten.

So ist es nicht verwunderlich, daß von dem Zeitpunkt, da vor ungefähr einer halben Million Jahren die ersten Menschen in die Berge und Täler um Les Eyzies kamen, diese Gegend ständig dicht besiedelt war. Fossilien und Artefakte blieben zurück – auf Felswänden und -decken und in der Erde Spuren des Lebens. Immer wieder kamen Menschen in diese engen, hohen Schluchten. Römische Legionen bauten hier ihre Wälle. Auf den Felsvorsprüngen errichteten die Ritter im Mittelalter ihre Schlösser und Burgen, während sie die Höhlen als Arsenale, Lagerhallen, Verstecke und Weinkeller benutzten. Im 15. Jahrhundert besetzten englische Soldaten im Hundertjährigen Krieg die Höhlen, und seit Jahrhunderten versteckten sich hier Banditen. Heute schmiegen sich viele kleine Häuser und verschiedene Gebäude von Les Eyzies, so auch das bekannteste Hotel des Dorfes, an diese überhängenden Felsen, die ihnen gleichzeitig als vierte Mauer dienen.

Wenn man bedenkt, wie lange schon und wie dicht diese Gegend besiedelt ist, dann wird verständlich, daß man gerade hier den ersten echten Beweis für die Existenz eines frühen modernen Menschen gefunden hat. Jedoch im Jahre 1868, als man die Entdeckung machte, interessierte es die allgemeine Öffentlichkeit nicht so sehr, wo dieser offenbar moderne Vorläufer aufgetaucht war, sondern daß er überhaupt existierte. Es war eine Zeit, in der über die Ursprünge des Menschen heftig diskutiert wurde. Viele wehrten sich aufgebracht gegen die Vermutung, die von ein paar Wissenschaftlern geäußert worden war, daß das Menschengeschlecht schon sehr alt sei. Viele Christen glaubten z. B. fest an die Berechnungen des anglikanischen Erzbischofs James Ussher aus Irland, der 1650 zu dem Ergebnis gekommen war, Gott habe Adam im Jahre 4004 v. Chr. erschaffen. (Ein anderer Geistlicher hatte sogar Tag und Uhrzeit genau festgelegt: 23. Oktober, 9 Uhr morgens.) Andererseits wurde es aber immer schwieriger, sich dem Argument zu verschließen, daß es schon in der Vorzeit Menschen gab.

Mit dem Cro-Magnon-Mensch konnte man sich verwandt fühlen . . . Im Jahre 1859 war Charles Darwins Buch ‹*Über die Entstehung der Arten durch natürliche Zuchtwahl*› erschienen, in dem er seine Evolutionstheorie entwickelte und dabei die Meinung vertrat, es habe schon viel früher Leben auf der Erde gegeben, als man bisher geglaubt hatte. Darwin bezog die Entwicklung des Menschen erst ein Jahrzehnt später in seine Theorie mit ein, aber die logische Folgerung lag schon früher auf der Hand. Auch entdeckte man immer mehr fossile Knochen, mit denen sich die Theorie erhärten ließ. An vielen Orten wurden Skelettreste von lange ausgestorbenen Tieren neben menschlichen Fossilien gefunden; also hatten diese Tiere und Menschen zur gleichen Zeit gelebt. Wenn es sich um Tiere aus der Vorzeit handelte, dann mußte es also auch Menschen in der Vorzeit gegeben haben. Im Jahre 1856 hatte man im Neandertal bei Düsseldorf in sehr frühen Gesteinsschichten ein Skelett gefunden. Es schien ein menschliches Skelett zu sein, doch der Schädel erinnerte in vieler Hinsicht an den eines Affen – eine Tatsache, der die Experten freilich übertriebene Bedeutung beimaßen.

Es war eine Zeit, in der sich keiner ein Geschöpf wie den Neandertaler als Vorfahren wünschte. Es war eher peinlich, daß es ihn gab, und die Entdekkung des Cro-Magnon-Menschen wurde wenig später mit großer Erleichterung zur Kenntnis genommen. Es war bewiesen, daß auch der Cro-Magnon-Mensch aus prähistorischer Zeit stammte, und doch sah er wie ein Mensch unserer Zeit aus. Damit wurde er für diejenigen, die zwar gewillt waren, an die frühe Existenz des Menschen zu glauben, doch die Evolutionstheorie und die Verwandtschaft mit dem Neandertaler noch nicht verarbeiten konnten, zu einem durchaus vollwertigen Mitglied der menschlichen Familie. Wenn die Menschheit so alt war, wie die Cro-Magnon-Skelettreste vermuten ließen, folgerte man weiter, dann war es kaum wahrscheinlich, daß der Mensch außerdem in den unwürdigen und ketzerischen Evolutionsprozeß Darwins verwickelt war. Der Mensch muß daher immer gleich ausgesehen haben. Im Gegensatz zum Neandertaler wurde der Cro-Magnon-Mensch von einem Anthropologen als «Apoll unter den prähistorischen Menschen»

Rechts: Blickt man von einem Felsvorsprung nördlich von Les Eyzies auf das Vézèretal (Frankreich), so bietet sich dem Beschauer ein friedliches Bild, das sich seit der Zeit der Cro-Magnon-Menschen wenig verändert hat. Links führt der Felsvorsprung vorbei an einem niedrigen Abri (= steinzeitliche Wohnstelle in Felsvorsprüngen und Höhlen).

Unten: Oben an der 45 m hohen Felswand, die fast senkrecht aus dem Wasser steigt, sind zwei alte Abris als dunkle Löcher erkennbar.

bezeichnet. Die Menschen des 19. Jahrhunderts konnten sich mit ihm identifizieren, er rechtfertigte ihre Rousseauschen Vorstellungen vom edlen Wilden.

Reiche Sammler, christliche Dogmen, die Katastrophentheorie und wie die Archäologie schließlich doch zu einer Wissenschaft wurde. Daß die Idee eines Menschen der Vorzeit, wenn auch aus diesen fragwürdigen Gründen, akzeptiert wurde, brachte die Archäologie einen wichtigen Schritt vorwärts. Diese Disziplin, die gerade angefangen hatte, die Geheimnisse einer fernen Vergangenheit zu lüften, kam durch das Auftauchen des Cro-Magnon-Menschen an einen entscheidenden Wendepunkt. Bis zur Mitte des 19. Jahrhunderts hatte sich das Interesse für vergangene Zeiten vorwiegend auf das Schöne, das Heilige, das Wertvolle und das

Besondere konzentriert. Ehe das Wort «Archäologie» in den allgemeinen Sprachschatz aufgenommen wurde, bevorzugte man im frühen 19. Jahrhundert das Wort «Altertumsforschung». Im Mittelalter hatten nur wenige Leute das Geld oder die Neigung, sich mit Altertümern zu beschäftigen. Doch mit der großen Renaissance in Kunst und Wissenschaft begannen im Europa des 15. Jahrhunderts immer mehr Menschen, sich für diese Dinge zu interessieren und sie zu sammeln. Päpste, Kardinäle, reiche Kaufleute und Abenteurer machten sich gegenseitig die Schätze der Vergangenheit streitig.

Schon im 17. Jahrhundert wurde Jakob I. von England zu einem Förderer der Archäologie, als er seinem hervorragenden Architekten Inigo Jones den Auftrag gab, die geheimnisvolle Anlage von Stonehenge bei Salisbury zu untersuchen. Jones zeichnete den ersten offiziellen Plan von diesem alten Denkmal (das ungefähr 2600 v. Chr. begonnen worden war) und behauptete selbstsicher, es handle sich um einen römischen Tempel. Dieser nur allzu verständliche Irrtum (schließlich hatten die Römer quer durch England einen Wall gebaut) ist weniger Jones als seiner ganzen Zeit anzukreiden, die von allen diesen vorgeschichtlichen Dingen einfach noch nichts wußte. Ob mit oder ohne Sachkenntnis, einfache Menschen und auch Könige begannen sich jetzt für Denkmäler und Zeugnisse der Vergangenheit zu interessieren. John Tradescant, ein Gärtner der Königin Henrietta Maria, stellte sich eine bunte Sammlung aus alten Dingen verschiedener Herkunft zusammen und bezeichnete sie als «Kuriositätenkabinett». Es bildete später den Kern des berühmten Ashmolean-Museums der Universität Oxford.

Im 18. Jahrhundert begann die große Sammelleidenschaft, und in den nächsten 100 Jahren wurden byzantinische Brunnen, griechische Keramiken, ägyptische Obelisken und Ziergiebel des Parthenon aus ihrer Heimat fortgeholt und in den großen Museen und öffentlichen Parks von Europa aufgestellt. Natürlich war damit auch viel Habgier und Anmaßung verbunden, doch es ist nicht zu leugnen, daß die Altertumsforscher ihren Teil dazu beitrugen, daß sich die Menschen intensiver mit der Vergangenheit auseinandersetzten. Sie leisteten wichtige Vorarbeiten für die ernsthaftere Forschung ihrer Nachfolger.

Während man solchen Raubbau trieb, wurden die ersten Beweise für eine noch fernere Vergangenheit erbracht. Es gab also eine Zeit, die noch weiter zurücklag als das klassische Altertum, das aus der Geschichte und Mythologie bekannt war und mit dem sich die Forscher bisher ausschließlich befaßt hatten. Gegen Ende des 17. Jahrhunderts wurde in London zusammen mit Knochen einer ausgestorbenen Elefantenart ein offenbar von Menschen gefertigter Faustkeil aus Feuerstein gefunden. Das Nebeneinander dieser beiden Funde deutete auf die Existenz von Menschen zu einer ketzerisch frühen Zeit hin, also lehnte man diesen Beweis ab. Die Sachverständigen behaupteten einfach, der Elefant sei ein Nachzügler gewesen, der mit dem Einmarsch des römischen Kaisers Claudius nach England gekommen sei. Die

Tatsache, daß Claudius, soweit wir wissen, gar keine Elefanten nach England mitgebracht hatte, schien niemanden zu stören.

Etwas Ähnliches trug sich 1771 in Deutschland zu, als der Pfarrer Johann F. Esper in einer Höhle in der Nähe von Bamberg menschliche Knochen in denselben Erdschichten fand, die auch Knochen von Höhlenbären und anderen ausgestorbenen Tieren bargen. Auch Esper dachte daran, daß sie vielleicht zur selben Zeit gelebt hatten, wie wir aus seinem eigenen Bericht über die Funde wissen. In Hinblick auf die menschlichen Knochen fragte er sich nämlich: «Gehörten sie einem Druiden, einem vorsintflutlichen Menschen oder einem Sterblichen jüngeren Datums?» Darauf antwortete er dann verzagt: «Sie müssen durch einen Zufall dorthin gelangt sein.» Doch die Tatsache, daß sich Esper diese Frage überhaupt stellte, war schon ein Markstein.

Man hat immer wieder behauptet, die Kirche habe der Archäologie im Wege gestanden. Bis zu einem gewissen Grade stimmt das auch. Andererseits befanden sich aber unter den ersten Archäologen mehrere Geistliche. Neben dem Protestanten Esper gab es in England den katholischen Geistlichen John MacEnery, der in den zwanziger Jahren des 18. Jahrhunderts in der Kents-Höhle in der Nähe der englischen Küstenstadt Torquay vier Jahre lang Ausgrabungen machte. Unter dem Boden der Höhle fand Pater MacEnery zusammen mit den Knochen von Nashörnern und den Überresten anderer, in diesem Teil der Erde längst ausgestorbener Tiere viele Werkzeuge und Waffen aus Stein. Das war für ihn ein Beweis, daß diese Menschen und Tiere zur selben Zeit gelebt hatten. Aber es gab auch Geistliche, die anderer Meinung waren. In den Augen des Anglikaners William Buckland, der nicht nur Dekan von Westminster, sondern auch ein bekannter Geologe war, hatte der junge Priester unrecht. Wie aber waren die Werkzeuge in diese alten Gesteinsschichten gelangt? Nach kurzer Überlegung meinte er, die «alten Briten» hätten tiefe Löcher in den Boden der Höhle gegraben und diese als Öfen benutzt. Und die Werkzeuge wären aus Versehen hineingefallen oder dort versteckt worden und so in die tiefer gelegenen Schichten gelangt, wo sich auch die Knochen von Nashörner befanden. Freilich wies der Höhlenboden keinerlei Spuren von irgendwelchen Öfen auf. Doch Buckland genoß hohes Ansehen, und MacEnery mußte sich damit abfinden, daß das Wort dieses Mannes schwerer wog als sein eigenes.

Es sollte nicht mehr lange dauern, bis die Geologie als neue Wissenschaft den kampfbereiten Prähistorikern zur Hilfe kam. Diese versuchten, die Existenz des Menschen in der Vorzeit zu beweisen und bekamen jetzt objektive Meßmethoden an die Hand, um das Alter der Erdformationen, in denen man Knochen von Menschen fand, festlegen zu können. Aber eine Zeitlang waren die Geologen mehr ein Hindernis als eine Hilfe. Sie bekannten sich zu einer beliebten Theorie, der Katastrophentheorie, die vor allem von Dekan Buckland und dem französischen Naturforscher Georges Cuvier

Die Vézère windet sich 190 km über ein Kalksteinplateau im Südwesten Frankreichs, ehe sie in die Dordogne mündet, nach der die umliegende Gegend benannt ist. Entlang der Vézère (vor allem in der durch das braune Quadrat gekennzeichneten Region) gibt es mehr und größere Abris und Höhlen als an der Dordogne, so daß dieses Gebiet zu einem zentralen Wohngebiet für den Cro-Magnon-Menschen wurde. Hier wurden auch die meisten Überreste aus der Cro-Magnon-Zeit gefunden.

vertreten wurde und derzufolge die Erde plötzlich von einer Sintflut oder eine Reihe ähnlicher Naturkatastrophen überrascht worden war. Während dieser Katastrophen waren Menschen, Tiere und Artefakte in chaotischer Willkür durcheinandergewürfelt worden. Die Katastrophentheorie schien die Erklärung dafür zu sein, daß alte und junge Knochen nebeneinanderlagen und daß man wiederholt Fossilien des Meeres auf Bergeshöhen und in der Wüste fand. Damit wurde denjenigen Archäologen der Boden unter den Füßen weggezogen, die meinten, die Überreste von Menschen und Tieren müßten aus der gleichen Zeit stammen, wenn man sie zusammen in einer Erdschicht gefunden hatte.

Doch die Katastrophentheorie war bald überholt. Sie wurde abgelöst und ersetzt durch den geologischen Aktualismus, dessen Hauptvertreter Sir Charles Lyell war – ein früher Schüler Bucklands. 1830 erschien Lyells Werk ‹*Principles of Geology*›, in dem der Theorie wiedersprochen wurde, daß die Erde plötzlich von gewaltigen Überschwemmungen heimgesucht worden wäre. Statt dessen leitete er die Veränderungen auf unserem Planeten aus gegenwärtig bekannten Kräften ab – daher der Begriff «Aktualismus». Lyell stellte die Hypothese auf, daß die meisten Veränderungen, die sich in vergangenen Zeiten ereignet hatten, sich heute immer noch ereignen. Stän-

Durch vorspringende Wände und einen 30 m hohen Überhang geschützt, war diese große Fläche vor einer Kalksteinhöhle in der Gorge d'Entfer ein idealer Aufenthaltsort für eine Cro-Magnon-Familie. Der 3,65 m hohe Eingang in der Mitte führt in eine kleine Höhle. Viele tiefe Höhlen wurden von den Cro-Magnon-Künstlern mit Wandmalereien ausgeschmückt und für Bestattungen und möglicherweise auch rituelle Zeremonien benutzt.

dig entstehen neue Erhebungen, und ständig werden alte wieder abgetragen. Ständig erodiert der Wind die Felsen. Ständig sind Eis und Wasser am Werke und verändern Küstenlinien, Wüsten und Dschungelgebiete.

Ständig brodelt vulkanische Lava und kocht manchmal über, und ständig ist die alte Kruste der Erde neuen Zerreißproben unterworfen. Wir nehmen diesen Prozeß nur deshalb nicht wahr, weil er, gemessen an der Lebensdauer des Menschen, sehr langsam vonstatten geht. Nur selten erleben wir einen Teil dieses Prozesses mit. Später wandelte Lyell seine Theorie ein wenig ab, und zwar bestand er nicht mehr darauf, daß sich die Veränderung stets mit der gleichen Geschwindigkeit vollziehe. Er gab jetzt zu, daß sie einmal schneller und dann wieder langsamer vonstatten gehen könne. Aber im wesentlichen hat sich seine Theorie als richtig erwiesen und allgemein durchgesetzt.

Mit dem Aktualismus begann die rationale Erforschung der Abstammung des Menschen. Er ging davon aus, daß sich auf der Erdoberfläche immer neue Gesteinsschichten abgelagert haben, die gewöhnlich in der Reihenfolge ihrer Entstehung übereinanderliegen. Damit wurde die Theorie erhärtet, daß die in einer bestimmten Schicht eingebetteten Fossilien zwangsläufig ebenso alt sind wie die Schicht selber. Da diese Vorstellung uns heute selbstverständlich erscheint, können wir uns kaum vorstellen, daß sie einst die Welt erschüttert haben soll.

Die Dänen waren die Begründer der Archäologie. Während der Engländer Lyell eine logische Methode entwickelte, das genaue Alter archäologischer Funde festzustellen, arbeiteten dänische Wissenschaftler an der praktischen Einordnung prähistorischer Artefakte. Das Ergebnis war das Dreiperiodensystem, das die Vorzeit in Steinzeit, Bronzezeit und Eisenzeit unterteilt. Die Dänen, die von dem Hauptstrom der europäischen Renaissance nicht berührt worden waren, beschäftigten sich vor allem mit ihrer eigenen Vorgeschichte. Es wurde sogar ein Gesetz erlassen, demzufolge jeder Bürger des Landes, der einen alt aussehenden Gegenstand im Boden fand, diesen den königlichen Sammlungen überlassen mußte. Die dänischen Archäologen bedauerten, daß viele andere Europäer außerordentlich verschwommene Vorstellungen von früheren Zeiten hatten und nicht erkannten, daß die einzelnen Perioden einander folgerichtig ablösten. Vielmehr warfen sie alle durcheinander und bildeten aus römischen Ruinen, keltischen Fossilien und Überresten aus der Zeit der Druiden ein verworrenes Bild romantisierter Vergangenheit. Deshalb ordnete der Altertumsforscher Christian Thomsen die gesammelten Stücke nach den Materialien, aus denen die gemacht waren. Er und seine Mitarbeiter waren maßgeblich daran beteiligt, daß Ordnung und System in die Altertumsforschung kamen, und mit Recht hat man die Dänen als die eigentlichen Begründer der Archäologie bezeichnet.

Die neue Wissenschaft brachte auch eine neue Generation unabhängiger, einsatzbereiter und oft bis zur Exzentrik eigensinniger Männer hervor. An der Spitze dieser Gruppe stand Jacques Boucher de Crèvecœur de Perthes (1788–1868). Er stammte aus einer wohlhabenden französischen Familie und war ungewöhnlich vielseitig: Er diente Napoleon als Soldat, war Romanschreiber, Lebemann, Parlamentskandidat (wurde jedoch nie gewählt), schrieb Stücke (die nie aufgeführt wurden) und kämpfte für die Rechte der Frau. Für die Geschichte der Menschheit aber ist von größter Wichtigkeit, daß Boucher de Perthes in Abbeville, einer Hafenstadt in Nordfrankreich, eine Zeitlang Zollbeamter war. Dort fiel ihm die prähistorische Vergangenheit quasi in den Schoß, als die in der Somme eingesetzten Bagger von Menschen gefertigte Werkzeuge, darunter eine glatte Axt mit einem Hirschgeweih als Griff, an die Oberfläche beförderten.

Boucher de Perthes war begeistert. Weitere Nachforschungen ergaben, daß es dort viele solcher Geräte und auch Knochen ausgestorbener Tiere gab. Daraus folgerte er, daß die Werkzeuge sehr alt sein müßten. Boucher de Perthes brachte acht Bände über seine Funde heraus, und es gelang ihm, einige seiner Landsleute von der vorgeschichtlichen Existenz des Menschen zu überzeugen. Die Akademie der Wissenschaften in Paris jedoch, die bei solchen Denken in Frankreich den Ton angab, war nicht bereit, seine Entdekkungen ernst zu nehmen.

Der Eifer des Franzosen hätte vielleicht nie zu etwas geführt, wenn nicht Kunde von seinen Bemühungen nach England gedrungen wäre. Im Jahre 1859 suchten zwei englische Wissenschaftler, Joseph Prestwich und John Evans, Boucher de Perthes in Abbeville auf und schauten sich seine Ausgrabungen genau an. Besonders beeindruckt waren sie davon, daß hier die Behauptungen einiger ihrer Landsleute bestätigt wurden, die aus Fossilienfunden in der Höhle von Brixham und der Kents-Höhle in Devon Rückschlüsse auf das Alter der Menschheit gezogen hatten. Das Blatt wendete sich. Boucher de Perthes wurde in Vorträgen englischer Wissenschaftler vor der Royal Society in London gepriesen und geehrt.

Edouard Lartet, ein angesehener Jurist und Paläontologe aus Castelnau-Barbarens, einem Dorf im Südwesten Frankreichs, hatte schon seit Jahren in den Ausläufern der Pyrenäen gegraben. Zuerst konnte sich Lartet aus finanziellen Gründen nur als Amateur diesen Dingen widmen. Doch nachdem er eine Reihe bedeutender Abhandlungen über das Thema veröffentlicht hatte, wurde der Londoner Bankier und Amateurethnologe Henry Christy auf ihn aufmerksam. Er unterstützte Lartets Forschungsarbeiten und kam überdies selbst nach Frankreich, um mit ihm zusammenzuarbeiten. Das französisch-englische Gespann begann im Jahre 1863 mit einer Reihe wichtiger Ausgrabungen in der Gegend von Les Eyzies, durch die das Vézèretal schließlich ebenso bedeutend für die Wissenschaft vom Menschen der Vorgeschichte werden sollte wie das Tal der Könige für die Geschichte Altägyptens.

Der Cro-Magnon-Mensch war ein Höhlenbewohner besonderer Art. Er war ein einfallsreicher Handwerker, er kannte die Musik, und vor allem war er ein begabter Künstler. Die von ihm angefertigten Werkzeuge waren schöner gearbeitet, weiter entwickelt und vielseitiger verwendbar als die seiner Vorfahren; er verstand es, seine Kleider besser zuzuschneiden und hübscher zu verzieren; und die Wände seiner Höhlen zeigten kunstvoll gemalte oder gravierte Bilder, die zu den schönsten und faszinierendsten menschlichen Werken aller Zeiten gehören.
Viele der Zeugnisse, die uns über die Cro-Magnon-Menschen Auskunft geben, hat man in den zahlreichen Höhlen und Abris im Südwesten Frankreichs entdeckt.

Rechts: Ein Gehilfe, der eine Öllampe hält, und ein anderer, der die Farben zubereitet, unterstützen einen Cro-Magnon-Künstler bei seiner Arbeit.

Die großartige Weltausstellung von Paris im Jahre 1867 war für die Archäologie ein Markstein. Unter der Schirmherrschaft Napoleons III. wurden die Errungenschaften der Technik und der Wissenschaften gezeigt. Dazu gehörte ein ziemlich ominöses Gefährt, eine sogenannte *batteuse* oder ein «Lokomobil», von dem man hoffte, daß es sich als Dreschmaschine mit Dampfantrieb bewähren würde. Die USA schickten einige Ausstellungsobjekte aus Gummi, darunter ein Rettungsfloß, und ein neues Getränk, das

man Julep nannte und das in der amerikanischen Bar an der von Gaslaternen beleuchteten Promenade ausgiebig gekostet wurde. Den alten Kulturen wurde mit der Nachbildung eines ägyptischen Tempels, dessen Original auf der Nilinsel Philä steht, Reverenz erwiesen. Aber noch viel älter und erstaunlicher waren die prähistorischen Artefakte, die man aus ganz Europa zusammengetragen hatte.

Die Besucher konnten schön geformte Lanzenspitzen aus Feuerstein, die man in der Dordogne gefunden hatte, und Faustkeile aus dem Sommetal bewundern; die größte Attraktion war jedoch die Sammlung prähistorischer Kunst, die 51 Stücke umfaßte, darunter auch ein in Elfenbein geritztes Mammut, das Lartet und Christy 1864 unter einem Felsüberhang in La Madeleine bei Les Eyzies gefunden hatten. Ganz Paris sprach von dieser Sammlung und den anderen dort ausgestellten Stücken prähistorischer Kunst. Die Zeit war gekommen, die verschwommenen Vorstellungen vom primitiven Höhlenmenschen einer gründlichen Prüfung zu unterziehen. (Ein begeisterter Liebhaber bot eine Million Franc für die Sammlung.) Offensichtlich konnten Menschen, die solche Kunstwerke hervorgebracht hatten, keine völligen Barbaren sein. Aber wer waren sie? Wo kamen sie her? Wie hießen sie?

Ein Jahr später wurden bei den Straßenarbeiten in der Nähe von Les Eyzies die ersten Antworten auf diese Fragen gefunden. Denn die Skelette, die man dort fand, stammten von den Menschen, die solche Lanzenspitzen geformt und solche Gravierungen in Elfenbein geschaffen hatten. Sie waren es, die man dann Cro-Magnon-Menschen nannte.

Der große Plan des Universums. Das Erscheinen des Cro-Magnon-Menschen, der zweifelsohne für einige Fundamentalisten des 19. Jahrhunderts einen dürftigen Ersatz für den biblischen Adam darstellte, wurde von vielen aufgeschlosseneren Zeitgenossen freudig begrüßt. Er lieferte den Beweis für die Idee des Fortschritts, so wie Darwins Werk für viele der Beweis für den großen Plan des Universums war, demzufolge sich das Leben nicht ziellos weiterentwickelt, sondern höheren Zwecken dient.

Der Optimismus steckte an. Zum Teil rührte er von den technischen und wissenschaftlichen Errungenschaften des schon weit fortgeschrittenen industriellen Zeitalters her. In Amerika kam er in der Philosophie Emersons zum Ausdruck, der an eine innere Vollkommenheit des Menschen glaubte. In England faßte Tennyson diese Überzeugung in seinem Gedicht ‹*In Memoriam*› zusammen:

Das ist des Herzens Zuversicht,
Daß licht und hell das letzte Ziel,
Trotz Sünde, Angst und Sorgen viel
Trotz Zweifels Schuld und Blutgericht.

Daß Nichts ohn' Zweck und Ursach läuft,
Und daß kein Leben wird zerstört,
Ganz unnütz keines ward verzehrt,
Wenn Gottes Werk einst ausgereift.

(Übertragen von Sophie von Harbou)

Derselbe Optimismus fand sich bei den Archäologen. Die prähistorische Ausstellung Frankreichs von 1867 war unter der Leitung Edouard Lartets zusammengestellt worden, doch den überwiegenden Teil der Arbeit hatte Louis Laurent Marie Gabriel de Mortillet geleistet, ein Prähistoriker, der zu einer Schlüsselfigur der Archäologie des 19. Jahrhunderts werden sollte. In dem letzten Satz des von ihm verfaßten Führers durch die Ausstellung klang auch die optimistische Grundhaltung seiner Zeit an: «Das Gesetz menschlichen Fortschritts ... und das hohe Alter der Menschheit ... sind Tatsachen, die klar und präzise und unwiderlegbar aus unserer Abhandlung über die Ausstellung hervorgehen.»

In Anbetracht dieser Einstellung ist es nicht verwunderlich, daß immer mehr junge Wissenschaftler zu jener Zeit mit Eifer darangingen, die Spuren des Menschen der Vorzeit freizulegen; denn jetzt waren sie überzeugt, daß ihre Beschäftigung mit ihm einem besseren Zweck diente. Allmählich wurde die Archäologie annehmbar, sogar gesellschaftsfähig: Ein Professor in Oxford berichtete voller Stolz, daß zu seinen Vorlesungen viele junge Damen aus alten adligen Familien kämen, darunter auch Gräfinnen und Herzoginnen.

Das Auftauchen des Cro-Magnon-Menschen trug viel dazu bei, daß das Vorhandensein einer Vorgeschichte des Menschen nicht länger auf Ablehnung stieß. Es löste jedoch auch eine Reihe Fragen aus: Welchen Platz nahm er in der Entwicklungsgeschichte des Menschen ein? Hatte er auch an anderen Stellen der Erde gelebt oder nur in den von der Natur so begünstigten Tälern der Dordogne? Und die schwierigste aller Fragen: Von wo war er gekommen? Aus dem Garten Eden? Stammte er von den Affen Afrikas ab? Sind seine Ursprünge an einem fernen Ort im rätselhaften Osten zu suchen?

Seither hat man eine Menge über ihn herausgefunden, aber heute sind noch nicht alle Fragen restlos beantwortet, und die Frage nach seiner Herkunft gehört noch immer zu den interessantesten und faszinierendsten Problemen der Entwicklungsgeschichte des Menschen.

2. Weltbürger

Als die ersten Skelette des Cro-Magnon-Menschen entdeckt wurden, wußte niemand, wie diese Funde einzuordnen seien.

Offensichtlich handelte es sich bei den Cro-Magnon-Menschen um Vorläufer des modernen Menschen. Sie hatten in grauer Vorzeit gelebt, Steinwerkzeuge benutzt und uns heute unbekannte Tiere gejagt. Andererseits waren sie aber nicht so alt und unterschieden sich nicht so stark von den Menschen späterer Zeiten, daß durch sie die biblischen Aussagen über das Menschengeschlecht hätten in Frage gestellt werden müssen. Besonders vaterlandsliebende Franzosen meinten, die Ursprünge des Cro-Magnon-Menschen seien dort zu suchen, wo man die ersten Überreste von ihm gefunden hatte, nämlich in Frankreich, und sie gingen fast so weit, den Garten Eden in das Vézèretal zu verlegen. Andere meinten, er sei vom Nahen Osten, dem traditionellen Ursprungsort des Menschen, in den Westen gekommen. Ein Anthropologe, der diese Theorie der östlichen Herkunft vertrat und die Entwicklung des Menschen vom primitiven Höhlendasein bis zur Vollkommenheit des viktorianischen 19. Jahrhunderts nachzuweisen suchte, hielt den Orient für den Ort, an dem die Menschen zunächst drei Stadien als Wilde (niedere, mittlere und höhere Wilde) und dann drei Stadien als Barbaren (niedere, mittlere und höhere Barbaren) durchlaufen hätten, um schließlich das Endstadium der Zivilisation zu erreichen.

Selbst die Vertreter der neuen Evolutionstheorie stellten wie ihre konservativ denkenden Kollegen Mutmaßungen über die Herkunft des Cro-Magnon-Menschen an, scheuten sich jedoch, genauer aufzuzeigen, wie er sich aus seinen Vorläufern entwickelt haben könnte. Es gab keine Anhaltspunkte, die ihn direkt mit einem der noch älteren angeblichen Affenmenschen oder Menschenaffen, die inzwischen in Europa gefunden worden waren, in Verbindung brachten. Diese Wesen, nämlich die Neandertaler, besaßen zwar viele menschliche Züge, ihre Schädel aber, vor allem die Gesichtspartie, ließen sie den Archäologen in der Mitte des 19. Jahrhunderts mehr wie Affen erscheinen. So hielt man sie für sehr entfernte Verwandte des Menschen, die im Evolutionsprozeß in eine Sackgasse geraten waren und damit nicht zu den direkten Vorfahren des Menschen gehörten. Man konnte einfach nicht glauben, daß aus einem von ihnen der moderne Mensch entstanden sein sollte.

Die gepunkteten Linien und die Kästen von El Castillo in Spanien interpretiert ein französischer Anthropologe als Sexualsymbole. Die Punkte stehen seiner Meinung nach für das männliche und die Kästen für das weibliche Geschlecht, und zusammen deuten sie auf einen Fruchtbarkeitskult hin.

Von wem stammte der Cro-Magnon-Mensch ab? Wenn es jetzt auch so aussah, als seien einige Probleme geklärt, so blieb doch das eigentliche Geheimnis um die Ursprünge des Menschen ungelöst. Der moderne Mensch könnte tatsächlich vom Cro-Magnon-Menschen abstammen, aber von wem stammte dieser ab? Die ersten Versuche einer Antwort erfolgten 1941, als man in der Skhul-Höhle am Berg Karmel in der Nähe von Haifa in Israel ungewöhnliche Fossilien fand. Es stellte sich heraus, daß sie sowohl mit dem Neandertaler, der vor etwa 35 000 bis 40 000 Jahren «ausstarb», wie auch mit dem Cro-Magnon-Menschen, der sich etwa zu der Zeit durchzusetzen begann, manches gemeinsam hatten. Offensichtlich handelte es sich um die Skelettreste von Hybriden des Neandertalers und des Cro-Magnon-Menschen, oder sie gehörten einem Stamm, der gerade dabei war, auf der Leiter der Evolution die nächste Sprosse zu erklimmen.

Die eigentliche Bedeutung der Skhul-Funde wurde erst in den sechziger Jahren allgemein erkannt. Doch heute sind fast alle Sachverständigen der Meinung, daß sich die Neandertaler vor rund 40 000 Jahren in vielen Teilen der Erde zu neuen Menschentypen weiterentwickelt haben, die ihrerseits mit dem Cro-Magnon-Menschen verwandt sind, also auch zur Gruppe des *Homo sapiens sapiens*, des modernen Menschen, gehören. Seltsam ist allerdings, daß der einzige Ort, an dem solche Übergangsfossilien nicht nachgewiesen werden konnten, die Heimat der Cro-Magnon-Menschen im Südwesten Frankreichs ist. Diese Menschen haben wenig Ähnlichkeit mit den unweit von ihnen lebenden Neandertalern; so hat man angenommen, daß sie wohl nach Frankreich eingewandert und die dortigen primitiveren Völker abgelöst haben müssen. Doch wo kamen sie her? Sehr wahrscheinlich aus dem Nahen Osten – vielleicht sogar aus dem Gebiet, wo die Skhul-Fossilien gefunden wurden. Aber einen Beweis dafür gibt es nicht. Im großen und ganzen jedoch lassen sich die Ursprünge des Menschen inzwischen ermitteln. Heute, etwa 1,3 Millionen Jahre nach dem Erscheinen des ersten Menschen auf der Erde, kann seine Entwicklung vom ältesten Menschenvorfahren, *Australopithecus*, bis zum ersten Menschen, *Homo erectus*, aufgezeigt werden – und vom *Homo erectus* bis zum *Homo sapiens*, zu dem der Neandertaler, der Cro-Magnon-Typ und wir selbst gehören.

Seit der Entdeckung der Cro-Magnon-Skelette hat man überall auf der Welt Überreste von modernen Menschen gefunden: in Ungarn, in der UdSSR, im Mittleren Osten, in Nordafrika, in Südafrika, in China, in Japan, in Südostasien, in Australien und in Nordamerika. Natürlich sind nicht alle diese Fossilien vollständig; manche sind nicht mehr als Fragmente, doch anatomisch gesehen gehören sie nach Meinung der Experten alle zum modernen Menschen. Erstens sind ihre Knochen leichter als die ihrer Vorläufer, und zweitens sind die Cro-Magnon-Schädel genauso geformt wie die Schädel des heutigen Menschen. Sie haben ein ausgeprägtes Kinn, eine hohe Stirn, kleine Zähne und ein Gehirnvolumen, das dem des heutigen Men-

Rätselhafte Zeichen, die vor 20000 Jahren in die Wände der Höhle von Koonalda in Australien geritzt worden waren, hält man heute für Zeugen eines Ritus, den die frühen Siedler des Inselkontinents praktizierten, als sie Feuersteinbrocken für die Herstellung von Werkzeugen aus der Höhle holten. Die meisten dieser Markierungen waren mit den Fingerspitzen in den weichen Sandstein gerieben (oben); in härteren Fels waren sie mit spitzen Steinen eingeritzt.

schen entspricht, und sie verfügen als erste Lebewesen überhaupt über die physischen Voraussetzungen für den komplizierten Vorgang des Sprechens. Laut Philip Lieberman, einem Linguisten, und Edmund S. Crelin, einem Anatom, die sich sehr intensiv mit diesem Thema beschäftigt haben, war der Cro-Magnon-Mensch in der Lage, eine weitaus größere Skala von Lauten zu bilden und mit größerer Schnelligkeit hervorzubringen als die Menschen vor ihm. Das rührte von der spezifischen Anordnung seiner Mund- und Nasenhöhlen, seiner längeren Pharynx, dem über den Stimmbändern liegenden Teil der Kehle, und der beweglicheren Zunge her. Doch sein besseres Sprechvermögen tauschte der moderne Mensch gegen einen Nachteil ein: Er ist das einzige Lebewesen, das an einem Bissen im Hals ersticken kann, denn sein längerer Schlund ist sowohl der Weg zur Luft- als auch zur Speiseröhre.

Die Anatomie des Cro-Magnon-Menschen ist zwar überall die des modernen Menschen, doch sind seine körperlichen Merkmale keineswegs überall gleich. Die Knochen, die man in der UdSSR gefunden hat, unterschieden sich von denen in Frankreich, in Afrika oder in China, sie unterscheiden sich sogar innerhalb eines Gebietes, wenn sie dort an verschiedenen Orten entdeckt wurden. Einige Anthropologen sind der Ansicht, es habe zur Zeit der Cro-Magnon-Menschen mehr rassische Unterschiede gegeben als heute, da sie weniger beweglich waren und sich kaum miteinander vermischten. Ganz zu Anfang führten diese Unterschiede die Wissenschaftler auf erstaunliche Abwege. Obwohl man aus den Knochen nicht auf die Hautfarbe oder die Beschaffenheit des Haares schließen kann, hat man der Versuchung, die Skelette sozusagen mit Fleisch auszufüllen, nicht widerstehen können. Dabei ist man zu seltsamen Ergebnissen gekommen.

Italienische Neger und französische Eskimos? Bis weit ins 20. Jahrhundert hinein glaubten viele Experten zum Beispiel, daß sie die unmittelbaren Vorfahren der modernen Neger und Eskimos gefunden und daß diese Seite an Seite in Südeuropa gelebt hätten. Die fossilen Knochen der Grimaldi-«Neger» aus einer Höhle an der italienischen Riviera wurden so eingeordnet, weil die Form ihrer vorstehenden Kiefer vergleichbar ist mit der einiger moderner negroider Rassen, doch später stellte sich heraus, daß sich die Form der Kiefer durch die Lage der Fossilien in der Erde verändert hatte. Der einzige «Eskimo», den man in der Nähe von Chancelade im Südwesten Frankreichs fand, wurde auf Grund seiner breiten Wangenpartie und seines kräftigen Unterkiefers als Eskimo eingestuft. Doch 1930 stellten die Anthropologen fest, daß auch viele andere Völker diese Charakteristika aufwiesen.

Bevor der Irrtum jedoch entdeckt wurde, war man mancherorts der Ansicht, die Eskimos stammten ursprünglich aus Frankreich und seien den zurückweichenden Gletschern nach Norden und Osten durch ganz Europa bis hin nach Sibirien und schließlich über die Beringstraße nach Nordamerika gefolgt – ohne Zweifel einer der längsten Trecks aller Zeiten.

Obwohl sich herausstellte, daß die italienischen Neger und französischen Eskimos auf Fehlschlüssen beruhten, war an der Tatsache, daß die Cro-Magnon-Menschen an verschiedenen Orten verschieden aussahen, nicht zu rütteln. Wie die heute lebenden Menschen entwickelten sie typische äußere

Merkmale, je nachdem, in welcher Gegend oder sogar an welcher Stelle in ein und derselben Gegend sie lebten. Die Art ihrer Umgebung, das Klima und das Nahrungsangebot waren für einige dieser Unterschiede verantwortlich. Äußere Merkmale wie Großwuchs und Kleinwuchs, dunkle Hautfarbe und helle Hautfarbe, glattes Haar und krauses Haar hatten sich in den Jahrtausenden herausgebildet, in denen sich der menschliche Körper an Hitze und Kälte und die Helligkeitsgrade des Sonnenlichts in den verschiedenen Breiten gewöhnen mußte. Der relativ kurze und gedrungene Körper des Eskimos zum Beispiel hält die Wärme länger als der große schmale Körper des afrikanischen Negers, der schneller auskühlt, weil viel größere Hautpartien der Luft ausgesetzt sind. Ähnlich verhält es sich mit dem langen, glatten Haar und den dichten Bärten, die nach Meinung des Anthropologen Bernard Campbell vielleicht mit dazu beitragen, daß in den kalten Gegenden die Wärme länger im Körper bleibt, während dichtes, krauses Haar wohl als Schutz gegen die Tropensonne entstand, denn man findet es sowohl bei Völkern in Afrika als auch bei genetisch nicht mit ihnen verwandten Völkern auf den pazifischen Inseln.

Größere Differenzierung durch Bevölkerungszuwachs. Aber zur Zeit des Cro-Magnon-Menschen waren viele dieser umweltbedingten physischen Veränderungen bereits weitgehend abgeschlossen. Die Tatsache, daß sich die Cro-Magnon-Menschen äußerlich so sehr unterschieden, hing offensichtlich mehr mit der Demographie als der Geographie zusammen, also mit dem starken Anwachsen der Bevölkerung und deren Aufteilung in viele einzelne Gruppen. Durch den Bevölkerungszuwachs wurde der «Genpool» erhöht, d. h., der gesamten Art stand jetzt mehr Genmaterial zur Verfügung. Andererseits wurde der Genpool durch isolierte Einzelgruppen unterteilt und somit der Austausch von Erbanlagen in manchen Fällen unterbunden.

Wenn die Gesamtbevölkerung einer Art relativ klein ist, dann ist auch das ihr zur Verfügung stehende Genmaterial relativ begrenzt. Es gibt dann weniger rassische Unterschiede. Aber bei Anwachsen der Bevölkerung tritt eine Differenzierung ein, weil durch die größere Anzahl mehr Mutationen auftreten können. Bei begrenztem Genaustausch entwickeln diese Mutationen sich in einer bestimmten Richtung, da sie sich der jeweiligen Umgebung anpassen. Diese Differenzierung ergibt sich zwangsläufig aus der natürlichen Auslese, der Tendenz gewisser Merkmale, sich entweder dominant oder rezessiv zu vererben. Das hängt davon ab, wie sie sich auf die Überlebenschancen des Menschen unter bestimmten Gegebenheiten auswirken. Bei diesem Prozeß wird die Differenzierung beeinflußt von dem Gründereffekt, wie ihn die Anthropologen nennen. Keine neu gegründete Fortpflanzungsgemeinschaft übernimmt von der Elterngruppe deren genetische Struktur, sondern nur einen Teil des ursprünglichen Genpools, und deshalb entwickeln sich bei ihr die erblichen Merkmale in etwas anderer Richtung

Dieses Skelett eines Cro-Magnon-Menschen liegt noch genauso da wie der Leichnam, der vor 23000 Jahren in einem mit Ocker besprenkelten Grab in dem 210 km östlich von Moskau gelegenen Sungir bestattet wurde. Der Mann war feierlich mit Perlen, Armbändern und einem Kopfreif aus Mammutelfenbein und Polarfuchszähnen auf einer Art Gräberfeld gebettet worden, woraus zu schließen ist, daß die Jäger und Sammler von Sungir bereits weit entwickelte Bestattungsbräuche kannten.

weiter als bei der Elterngruppe. Nach vielen Generationen haben dann die Angehörigen der abgesplitterten Gruppe vielleicht kaum mehr Ähnlichkeit mit ihren entfernten Vorfahren.

Aber gleichzeitig vollzieht sich auch der umgekehrte Prozeß. Unterschiedliche Gruppen vermischen sich, oder, was noch häufiger vorkommt, es werden fremde Partner in die Gruppe geholt. In beiden Fällen wächst der Genaustausch, und es werden neue Merkmale in die Fortpflanzungsgemeinschaft eingebracht. Durch die ständige Veränderung des Genmaterials bildeten sich beim Cro-Magnon-Typ allmählich sämtliche körperlichen Merkmale heraus, die es auch beim Menschen unserer Zeit gibt.

Mit der biologischen Entwicklung des Cro-Magnon-Menschen fand auch eine Entwicklung seiner Kultur statt. Hier lassen sich seine Fortschritte leichter verfolgen. Kulturelle Veränderungen vollziehen sich schneller als biologische, und sie lassen sich an Hand von vielerlei Zeugnissen besser nachweisen. Aus der Lage ihrer Wohnstätten und den erhaltenen Gebrauchsgegenständen kann man Rückschlüsse auf die körperlichen und geistigen Fähigkeiten ihrer Hersteller ziehen.

Wanderungen. Der Mensch hatte bereits in vielen Teilen der Erde fest Fuß gefaßt, als der Cro-Magnon-Mensch auf der Bildfläche erschien. Er hatte sich aus den Tropen, wo es sich leicht leben ließ, in die gemäßigte Zone mit ihrem frischeren Klima begeben und war von Afrika und Südostasien gen Norden, nach Europa und China, gezogen. Aber Sibirien, die Arktis, der australische Kontinent und die Neue Welt waren ihm noch unbekannt. Der Cro-Magnon-Mensch drang in alle diese vier Gebiete vor. Weitgehend durch seine eigene Wandlungs- und Anpassungsfähigkeit, zum Teil aber auch unterstützt durch klimatische Veränderungen, erschloß er alle die Teile der Erde, die auch heute noch von Menschen bewohnt sind.

Der Cro-Magnon-Mensch lebte gegen Ende des Eiszeitalters, genauer gesagt im Würm/Wisconsin-Glazial. Warme und kalte Perioden folgten dicht aufeinander – dicht zumindest in der Zeitrechnung der Geologen –, und mit jedem Klimawechsel rückten die Gletscher vor und wieder zurück.

Hätte man zu jener Zeit die Erdoberfläche von einem Raumschiff aus betrachten können, dann hätte sie wie eine riesige bunte Seifenblase ausgesehen. Ließe man das Geschehen wie im Zeitrafferverfahren schneller ablaufen, so daß Tausende von Jahren in einer Minute vorbeieilen, dann würden sich die silbrigweißen Eisflächen ausbreiten wie verschüttetes Quecksilber, um gleich wieder dem sich ausrollenden grünen Teppich der Vegetation Platz zu machen. Die Küstenlinien würden wie Fahnen im Wind flattern, denn bald sind sie vom immer wieder neuen Blau der Ozeane bedeckt und bald wieder nicht. Inseln würden wie Trittsteine auftauchen und wieder verschwinden, und es würden natürliche Straßen und Wege zu sehen sein, auf denen der Mensch kommen und gehen kann. Auf einer dieser Routen ist

Diese 10000 Jahre alten bemalten Steine, die man in einer Höhle in Frankreich gefunden hat, stammen aus einer späten Phase der letzten Eiszeit. Manche Symbole waren inzwischen vielleicht schon so traditionell, daß man ihre Bedeutung selbst in dieser groben und kleinen Wiedergabe noch verstand.

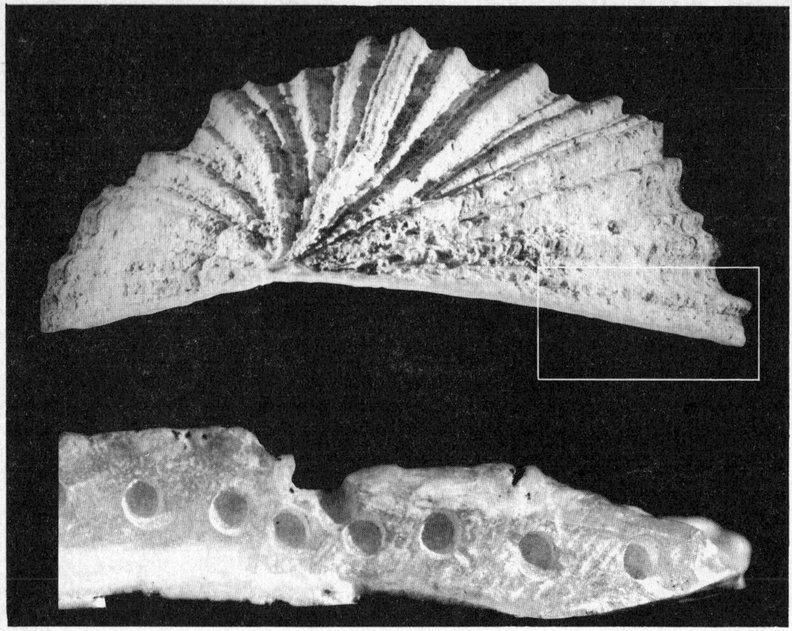

Die Schale einer Napfschnecke aus der Höhle in Südafrika (oben) ist von Physikern in zwei Teile zersägt worden. Am äußersten Rand der Muschel (der eingerahmte Teil ist darunter vergrößert wiedergegeben) hat man in die obersten, also die letzten Schichten, die sich vor dem Tod des Tieres gebildet hatten, winzige Löcher gebohrt und den Bohrstaub untersucht. Das geschah mit Hilfe eines Massenspektrometers, mit dem die Mengen der beiden Sauerstoffisotopen o–18 und o–16 in der Schale festgestellt werden können. Da ein verhältnismäßig hoher Anteil an o–16 für kaltes Seewasser typisch ist, vermuten die Wissenschaftler, daß diese Napfschnecke, die einen hohen o–15-Anteil in der äußeren Schale besaß, kurz nach ihrer letzten Wachstumsphase im Winter aus dem Meer geholt und verspeist wurde.

der Cro-Magnon-Mensch vielleicht von China nordwärts nach Sibirien gewandert. Auf einer anderen zog er offenbar von Sibirien aus über die trockene Landbrücke, dem heutigen Beringmeer, nach Nordamerika.

Aber bei seinem Zug nach Australien scheinen veränderte klimatische Bedingungen keine Rolle gespielt zu haben. Wenn auch die großen Eisflächen des letzten Glazials so viel Wasser auf der Erde speicherten, daß der Meeresspiegel bis zu 120 m sank und Kontinente dadurch viel größer wurden, so reichte das trockene Land doch nicht aus, um Australien mit dem

Festland Südostasiens zu verbinden. Da der Meeresspiegel so tief gesunken war, trocknete der relativ flache Sundaschelf aus und verband die Inseln Borneo, Java und Sumatra miteinander. Wahrscheinlich wurden so viele kleine Inseln frei, daß es möglich war, bequem von einer zur nächsten zu gelangen. Aber zwischen Australien und dem Südostasien vorgelagerten Schelf waren immer noch knapp 100 km offenes Meer mit Tiefen bis zu 8000 m im Java-Graben zu überwinden. Wie kamen die Menschen der Cro-Magnon-Zeit da hinüber?

Lange hatte man allgemein angenommen, daß kein Mensch diesen großen Inselkontinent betreten habe, bis die Vorfahren der heutigen Urbevölkerung vor etwa 8000 bis 10000 Jahren wahrscheinlich von Südostasien aus mit Booten dorthin gelangten. Zu der Zeit gab es vermutlich bereits seetüchtige Boote. Doch in den dreißiger Jahren stieß man auf Funde, die auf die Ankunft noch früherer Menschen hindeuteten, und 1968 fanden Archäologen, die in der Nähe des Mungosees in Neusüdwales Ausgrabungen machten, das 27000 Jahre alte Skelett einer Frau und Artefakte, die zum Teil vor 32000 Jahren hergestellt worden waren, also zu einer Zeit, für die die Archäologen die Existenz von Booten noch nicht nachweisen können. Diese einsame Dame gehörte aber ganz zweifelsfrei zum modernen Typ des *Homo sapiens.*

Es liegt auf der Hand, daß die Menschen, die vor mehr als 30000 Jahren irgendwo in Südostasien lebten, bereits eine Art Wasserfahrzeug kannten. War es vielleicht nur ein aus Bambus und Schilf gefertigtes Floß, das für den küstennahen Fischfang gedacht war? Oder war es eine primitive Art von Kanu, ein ausgehöhlter Baumstamm, wie ihn die Melanesier noch heute benutzen? Noch interessanter ist die Frage: Wie kam es, daß die Seefahrer nach Australien gelangten? Wurden sie zufällig durch eine unberechenbare

Zum Bild auf den beiden folgenden Seiten:
Die Welt zur Zeit der Cro-Magnon-Menschen. Auf dieser Karte sieht man, daß sich der Cro-Magnon-Mensch auf allen Kontinenten und in allen Regionen der Erde ausbreitete. Bedeutende Cro-Magnon-Fundstätten und bestimmte, in diesem Buch erwähnte geographische Merkmale (Aufschlüsselung links) wurden eingezeichnet. Außerdem sind Orte markiert, an denen man Skelettreste oder Artefakte anderer Menschen der Vorgeschichte fand.
Die Cro-Magnon-Menschen konnten fast überall hingelangen, weil sich die Gletscher zu ihrer Zeit vor- und zurückschoben. Vor rund 18000 Jahren war der Meeresspiegel durch die Vergletscherung (blaue Flächen) so tief gesunken, daß Landbrücken entstanden wie an der Beringstraße; auch Hindernisse wie die Timor-See zwischen Australien und Südasien konnten von den wandernden Menschen leichter überwunden werden. Die Umrisse der Kontinente und Inseln von heute zeigen, wieviel mehr trockenes Land es vor 18000 Jahren gab, als die Gletscherbildung ihre größte Ausdehnung erreichte.

1 Dordogne
2 Le Tuc d'Audoubert
3 Altamira
4 El Castillo
5 Spanische Levante
6 Dolni Vėstonice
7 Kostjenki
8 Sungir
9 Skhul
10 Kom Ombo
11 Nelson Bay
12 Malta
13 Chou-kou-tien
14 Niah
15 Lake Mungo

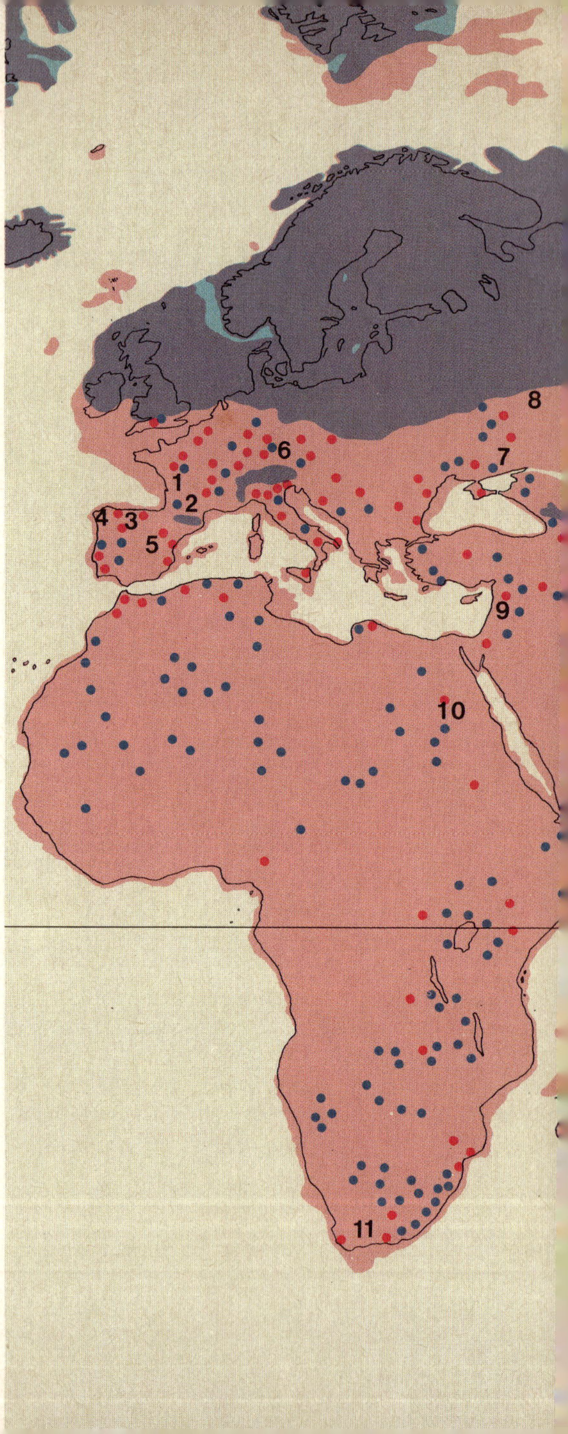

- Fundstätten von Cro-Magnon-Knochen
- Fundstätten von Artefakten

SIBIRIEN
12
13
SUNDASCHELF
14
JAVAGRABEN
MEERENGE VON TIMOR
15

Strömung dorthin verschlagen oder – wie recht kühn vermutet wurde – durch eine gewaltige Flutwelle ähnlich der, die im 19. Jahrhundert ein Vulkanausbruch auf der Insel Krakatau hervorrief? Oder wollten sie gar nach Australien, und, wenn ja, was zog sie dorthin?

Niemand glaubt, daß der Cro-Magnon-Mensch einfach nur neue Entdekkungen machen wollte. Sie stellen daher auch nicht seine größte Leistung auf kulturellem Gebiet dar. Wie alle Jäger und Sammler vor ihm wanderte er, um seinen Nahrungsbedarf zu decken. Doch hinsichtlich der Mittel, die er dabei einsetzte, wie Geräte, Techniken, soziale Organisation und Wahl des Wohnsitzes, übertraf er alle, die vor ihm lebten. Er aß alles, was die Erde an Nahrung zu bieten hatte, und er entwickelte eine ungeheure Geschicklichkeit, wenn es um die Nahrungsbeschaffung ging. Man könnte sagen, dem Cro-Magnon-Menschen sei es besser als allen Menschen vor ihm und nach ihm gelungen, das Nahrungsangebot der Erde auszuschöpfen und gut davon zu leben.

«Unverdiente Nahrungsquellen.» Als die Menschen der Vorgeschichte sich zu Jägern entwickelten, erschlossen sie eine Nahrungsquelle, die für ihre vegetarischen Vorfahren unerreichbar war. Die im Fleisch enthaltenen Nährstoffe stammten dabei teilweise von Pflanzen, die der Mensch selbst nicht hatte essen können. Als er anfing, Tiere zu jagen, die auf der Suche nach neuem Weideland immer weiterzogen, und gelegentlich auch Raubtiere in Gebieten außerhalb seines eigenen Lebensbereichs aufspürte, da holte er sich seine Kraftreserven aus einem sehr viel breiteren Nahrungsangebot, denn diese Tiere hatten ihre Nahrung in Gebieten gefunden, zu denen der Mensch keinen Zugang hatte. Und als er in die gemäßigte Zone vordrang, wo Herdentiere zwischen verschiedenen Sommer- und Winterweidegebieten hin- und herwanderten, begann der Mensch sich Nahrungsreserven zu erschließen, die erst in einiger Entfernung von seinem Lebensbereich zu finden waren. Der Neandertaler, der die Rentiere der Dordogne jagte, war in der glücklichen Lage, mit seiner Nahrung Stoffe aufzunehmen, die es nur in nördlichen Weidegebieten und den Tiefebenen in Küstennähe gab, wo die Rentierherden zeitweise ästen, wo jedoch der Mensch selten oder nie hingelangte.

Wenn Lebewesen Nahrung aufnehmen, die aus ziemlicher Entfernung stammt, dann sprechen die Wissenschaftler von einer Nutzung «unverdienter Nahrungsquellen». Es ist für Lebewesen, die sich ihre Umgebung nicht direkt untergeordnet haben, die geschickteste Art, sich ihr anzupassen und sich in ihr zu ernähren. Erst mit der Entwicklung von Ackerbau und Viehzucht gelang es dem Menschen, das Angebot der Natur noch vielseitiger auszuwerten.

Im Winter Sibiriens vor 30000 Jahren. Als der Cro-Magnon-Mensch auf der Erde erschien, nutzten die Menschen bereits die «unverdienten Nahrungsquellen», die ihnen die Wandertiere boten, als Ergänzung zu ihrer pflanzlichen Nahrung. Der Cro-Magnon-Mensch sollte aber noch weitaus geschickter vorgehen. Seine schnellere Reaktionsfähigkeit und seine besseren Waffen machten ihn zum erfolgreichen Jäger, der selbst in der Arktis leben konnte, wo das Angebot an Pflanzen sehr knapp ist und fast alle Nahrung daher aus «unverdienten Quellen» stammt. Über ganz Sibirien, vom Tal des Jenissei bis zur Halbinsel Kamtschatka, sind über ein Dutzend Fundstellen verteilt, an denen sowjetische Archäologen bis zu 30000 Jahre alte Wohnstätten von Menschen nachweisen konnten.

Die Winter in Sibirien waren zur damaligen Zeit noch länger und kälter als in der Gegenwart, und nur wenige Bäume boten Schutz gegen die eiskalten Winde, die über die weiten, offenen Steppen fegten. In einer Tiefe von mehr als einem Meter war der Boden ständig gefroren, tiefer wurzelnde Vegetation konnte hier also nicht gedeihen. Doch die dünne Oberschicht genügte den widerstandsfähigen Gräsern und niedrigen Büschen, die ein ideales Weideland für Herdentiere abgeben.

Sibirien war in der Tat ein Paradies für Jäger, und der Cro-Magnon-Mensch fühlte sich dort trotz der Kälte sehr wohl. Die Abfallhaufen in der Nähe seiner Wohnstätten weisen enorme Knochenmengen von Rentieren, Wildpferden, Antilopen, Mammuts und Wisenten auf, und offensichtlich jagte er auch Bären und Löwen. Man findet außerdem Knochen von Füchsen und Wölfen, die er vielleicht gegessen hat, doch ist es wahrscheinlicher, daß er diese Tiere wegen ihrer dicken, warmen Pelze schätzte, die der Sibirier zu Kleidung verarbeitete. Und schließlich zeigen die Überreste von Vögeln und Fischen, daß der Cro-Magnon-Mensch sich mit ihnen zwei weitere Nahrungsquellen erschlossen hatte, auf die er gelegentlich – und nicht nur in Sibirien – zurückgriff.

In diesem unwirtlichen Land mit seinen langen und harten Wintern müssen die Sibirier ein sehr viel sorgfältiger geplantes Dasein geführt haben als ihre Zeitgenossen in den tropischen Gebieten, wo es sich viel leichter leben ließ. Wenn ganz schlechtes Wetter war, zogen sie sich in behagliche Hauszelte aus Tierhäuten zurück, deren Steinfundamente bis zu 75 cm in die Erde reichten. In der Ukraine, einer kaum weniger unwirtlichen Gegend, fand man ähnliche Hauszelte, in denen Platz für 15 bis 20 Menschen war. In den kalten Vorratskammern hinter den Steinmauern lagerte so viel Fleisch, daß es für viele Tage ausreichte. Zum Teil war es gefroren, zum Teil hatte man es geräuchert oder an der Sonne getrocknet. In dem freundlichen Licht der im Kreis angeordneten offenen Feuerstellen verlebten die dort lebenden Menschen die dunklen Tage, indem sie Werkzeuge und Schmuck aus Knochen anfertigten, sich gegenseitig die Jagderlebnisse erzählten und ihr Wissen an die Kinder weitergaben. Und wenn einer aus ihrem Kreis starb, wurde

Ein noch rätselhaftes Wandgemälde in der Höhle von Lascaux stellt einen Mann mit einem Vogelkopf, einen Vogel auf einem Stab, einen Wisent mit heraushängenden Gedärmen und links daneben ein Rhinozeros dar. Das schwer zugängliche Bild steht möglicherweise in Verbindung mit einem Initiationsritus.

er liebevoll bestattet. An der Fundstelle Malta nahe dem südlichen Ende des Baikalsees fanden Archäologen in einem Grab das Skelett eines vierjährigen Mädchens mit einem Stirnreifen aus Elfenbein, einem Elfenbeinarmring und einer Halskette aus 120 Elfenbeinperlen. Nicht weit davon lagen noch andere Gegenstände aus Knochen und Stein – Geschenke für ein Kind, die ihm von anhänglichen Menschen mit ins Grab gelegt worden waren.

Anpassung an ökologische Veränderungen. Während die nördlichsten Vorfahren des modernen Menschen lernten, mit dem rauhen Klima fertig zu werden, paßte sich eine andere Gruppe von Cro-Magnon-Menschen, die am entgegengesetzten Ende der Welt in einer ausgeglichenen Umgebung lebte, einem radikalen ökologischen Wandel an. Die Nelson Bay-Höhle liegt knapp 500 km östlich von Kapstadt in Südafrika am Indischen Ozean. Sie ist etwa 20 m über dem heutigen Strand in das 60 m hohe Sandsteinufer eingeschnitten und diente dem Cro-Magnon-Menschen zum erstenmal vor 18000 Jahren als Unterkunft. Danach wurde sie ständig von neuen Generationen bewohnt. Ihr 30 m breiter Ausgang blickt nach Süden; der Innenraum ist etwa 9 m hoch und 30 bis 45 m tief. Im rückwärtigen Ende der Höhle befindet sich seit 35000 Jahren eine Quelle, so daß die Bewohner stets frisches Wasser hatten. Bei so vielen natürlichen Vorzügen verwundert es nicht, daß die Höhle von 400 aufeinanderfolgenden Generationen von Jägern und Sammlern bewohnt wurde, selbst dann noch, als sich außerhalb der Höhle das Nahrungsangebot drastisch änderte.

In den ersten 6000 Jahren, in denen Menschen in dieser Höhle lebten, blickte sie auf offenes Grasland mit niedrigen Bäumen, das der Savanne des heutigen Südafrika sehr ähnelte. Das Meer war ungefähr 80 km entfernt, und offensichtlich gelangten die frühen Nelson Bay-Menschen selten oder nie dorthin, denn in den entsprechenden Schichten der Höhle fanden sich keinerlei Meeresfossilien. Statt dessen lebten sie von dem, was dicht bei der Hand war. Während die Frauen Samen und Beeren sammelten und Wurzeln und Knollen ausgruben, jagten die Männer das Wild, das es im Überfluß auf dieser weiten Ebene gab: Antilopen, Strauße, Paviane und inzwischen ausgestorbene Tierarten wie den Riesenbüffel, der über 30 Zentner wog, und eine ebenso mächtige Kuhantilope, die so groß war wie ein Percheronpferd unserer Zeit. Sie stellten auch Busch- und Warzenschweinen nach, ziemlich angriffslustigen Tieren mit gefährlichen Hauern, die in Rotten zusammen leben und schwer zu jagen sind. Diese Wildschweine greifen nämlich als Rotte ihre Verfolger an.

Zu jener Zeit war die Nelson Bay-Höhle möglicherweise das ganze Jahr über bewohnt, wenn man von gelegentlichen Jagdzügen absieht. Um die Höhle wohnlicher zu gestalten, nahmen ihre Bewohner gewisse Änderungen vor. Sie legten Steine um ihre Feuerstellen und errichteten vielleicht auch einen Windschutz in Form eines Halbrunds zwischen den Feuerstellen und der Öffnung der Höhle. Die Löcher für die Stangen, die zu einem etwas jüngeren Windschutz gehörten, sind noch zu sehen. Wahrscheinlich bestand es aus Tierhäuten oder Strauchwerk oder einem Zaun aus jungen Baumstämmen. Im Winter und vor allem nachts war dieser Windschutz sicher sehr zweckmäßig, denn damals war es in Südafrika viel kälter als heute und auch feucht. Draußen gab es vielleicht hin und wieder Frost oder sogar etwas Schnee.

Vor rund 12000 Jahren setzten, mit den Maßstäben der Geologie gemessen, plötzliche und grundlegende Veränderungen der klimatischen Verhältnisse ein. 4000 bis 5000 Jahre lang war es auf der Erde immer wärmer geworden, und die Gletscher waren so zusammengeschmolzen, daß die See den Schelf am Ende der 80 km breiten Nelson Bay-Ebene überrollte. Fast wie bei einem Fluß, dessen Wasser über die Ufer tritt und schnell das flache Land überflutet, hatte das Meer verhältnismäßig rasch die sanfte Steigung der Ebene überwunden und brach sich bald wenige Kilometer vom Fuß der Felswand entfernt, in der die Höhe lag. Da ihr bisheriges Weideland jetzt unter Wasser stand, zogen die Tiere ins Innere des Landes, und es wäre nur natürlich gewesen, wenn die Nelson Bay-Menschen das gleiche getan und sich an anderer Stelle niedergelassen hätten.

Aber sie blieben. Aus irgendeinem Grunde – vielleicht gab es schon im Steinzeitalter so etwas wie «Heimatverbundenheit» – blieb die Höhle, jetzt allerdings nicht mehr das ganze Jahr über bewohnt, ihr Stützpunkt. Im Sommer gingen die Bewohner auf lange Jagdexpeditionen, auf denen sie Wild erlegten und ihre seit Jahrhunderten übliche pflanzliche Nahrung – Knollen, Beeren und Samen – sammelten. Im Winter kehrten sie jedoch in

Ein 9 Pfund schwerer Mahlstein mit deutlichen Mahlspuren und ein Stößel stellten die Anpassungsfähigkeit der Jägergruppen unter Beweis, die gegen Ende der Eiszeit in dem Kom-Ombo-Gebiet in Nordafrika lebten. Vor etwa 17000 Jahren wurden einige Gruppen durch den Bevölkerungszuwachs dazu gezwungen, nach neuen Nahrungsquellen in ihrem Lebensbereich zu suchen. Die reichlich vorhandenen wilden Getreidearten, die mit den hier abgebildeten Geräten verarbeitet wurden, bildeten einen wesentlichen Bestandteil ihrer Kost. Aber rund 5000 Jahre später, als das Getreideangebot möglicherweise auf Grund einer lange währenden Dürre sehr stark reduziert war, verlegten sich die Gruppen wieder hauptsächlich auf die Jagd.

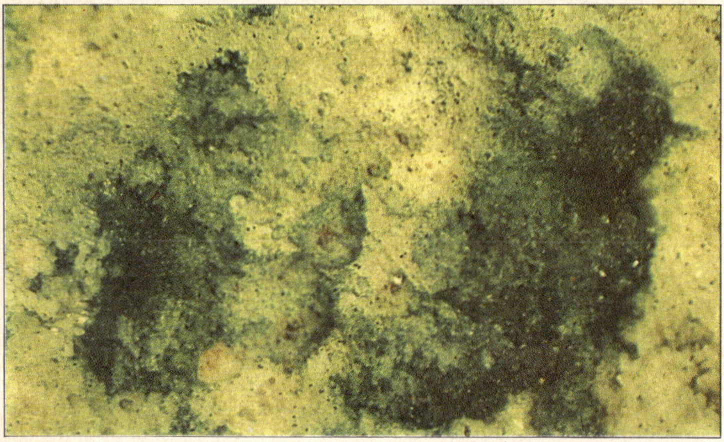

die schützende Höhle zurück und ernährten sich von den reichlich vorhandenen Früchten des Meeres. Sie hatten also eine neue Nahrungsquelle erschlossen.

Die Frauen sammelten nun nicht mehr Früchte oder gruben nach Wurzeln, sondern suchten bei Ebbe Napfschnecken und Abalonen, die sie von Felsen in Prielen und tieferem Gewässer lösten. Dazu benutzten sie ein etwa 23 cm langes, flaches Messer aus Knochen und wahrscheinlich eine Art Behälter, einen Korb oder eine Ledertasche, in die sie ihre Beute steckten. Offenbar entwickelten sie beträchtliches Geschick bei dieser neuen Art der Nahrungssuche: Archäologen haben Abfallhaufen aus Muschelschalen entdeckt, die bis zu 6 m hoch waren.

Die verwesenden Fischreste der Müllgruben müssen beachtlich gestunken haben, und schon das dürfte Grund genug für diese jüngeren Nelson Bay-Menschen gewesen sein, zeitweise von zu Hause fortzugehen. Das tun übrigens einige Urvölker heute noch, wenn sie ihrer Küchenabfälle nicht mehr Herr werden. Nagetiere, Meeresvögel und die reinigende Seeluft werden während ihrer Abwesenheit für Sauberkeit gesorgt haben.

Während die Frauen nach Muscheln suchten, gingen die Männer fischen oder wanderten etliche Kilometer am Strand entlang bis zu einer Felsgruppe, die die Pelzrobben des Kaps als Brutstelle benutzten. Man muß nicht sehr geschickt sein, um einen Seehund an seinem Brutplatz zu töten, denn dort sammelten sich die Tiere zu Tausenden. Die Jäger von der Nelson Bay wandten wahrscheinlich die gleiche Taktik an wie die Pelzjäger des 20. Jahrhunderts. Sie arbeiteten sich durch die Horden von Tieren hindurch und schlugen ihnen mit einem schweren Knüppel über den Schädel. Damit gewann der Cro-Magnon-Mensch eine neue «unverdiente Nahrungsquelle», denn in den Sommermonaten ernähren sich die Seehunde des Kaps mehrere hundert Kilometer von der Küste entfernt von kleinen Fischen.

Wahrscheinlich bedeutete die Jagd auf Seehunde mehr als nur eine neue Nahrungsquelle. Die Eskimos, für die Robben lebenswichtig sind, verwenden das tierische Fett für ihre Lampen, die Sehnen als Näh- oder Bindfaden, und die wasserdichten Felle verarbeiten sie zu Kleidung, Säcken und sogar zu Booten: Der Kajak der Eskimos besteht aus einem Rahmen aus Holz oder

Im Jahre 1960, zwanzig Jahre nach der Entdeckung der Höhle von Lascaux in Frankreich mit ihren Cro-Magnon-Gemälden, bemerkte ein regelmäßiger Besucher der Höhle einen kleinen grünen Fleck an einer Wand, der vorher noch nicht dagewesen war. Der Fleck wurde allmählich größer. Die maladie verte *oder die grüne Krankheit, wie man sie schließlich nannte, drohte alle wertvollen Wandgemälde zu zerstören. Links: Man hat ein Stück der mit Algen befallenen Wand unter dem Mikroskop fotografiert, um den Heilungsprozeß aufzuzeigen: vor der Behandlung (Bild oben), kurz nach der Behandlung (Mitte) und vier Monate später (unten), als die Algen verschwunden waren.*

Knochen, über den Seehundsfell gespannt ist. Vielleicht haben die Nelson Bay-Menschen nicht alle diese Möglichkeiten ausgenutzt. Die Pelzkleidung der Eskimos brauchten sie zum Beispiel sicher nicht, und wenn sie auch direkt an der See lebten, so werden sie sich kaum mit einem Boot oder etwas Entsprechendem auf sie hinausgewagt haben, denn die Brandung ist hier sehr stark. Sie ist ihrer hohen Wogen wegen bei den Wellenreitern der ganzen Welt bekannt. Aber Seehundstran in Steinlampen könnte sehr wohl die Beleuchtung der Höhle durch die Feuerstellen ergänzt haben. Und die festen Sehnen des Seehundes, für die sie zweifellos viele Möglichkeiten der Verwendung kannten, werden von ihnen höchstwahrscheinlich auch als Angelschnüre verwendet worden sein.

Man weiß, daß die Menschen in der Nelson Bay mindestens vier Sorten Fisch fingen. Einer der fossilen Fische in ihrer Höhle ist als Muschelknacker identifiziert worden, der noch immer in diesen Gewässern zu finden ist und der auf der Suche nach Nahrung dicht an den Strand heranschwimmt, um mit seinem starken Gebiß Muscheln von den Steinen abzubeißen. Vielleicht wurde er mit einer Schnur gefangen, an der eine Muschel und ein fester Köder – ein zugespitzter Knochen- oder Holzsplitter – angebracht werden. Dieser feste Köder war eines der zahlreichen Geräte, das der Cro-Magnon-Mensch erfunden hatte.

Für die Nelson Bay-Menschen wurde es schließlich zur Gewohnheit, daß sie auf ihrer Suche nach Nahrung in regelmäßigen Abständen ihren Standort wechselten und von der Küste in das Landesinnere zogen. Damit änderte sich auch ihre Kost, die einmal vorwiegend aus Fisch bestand und dann aus der Mischung von Fleisch und pflanzlicher Nahrung, wie sie im Landesinnern üblich war. Aber 7200 km entfernt lebte am Nil eine andere Gruppe von Cro-Magnon-Menschen, die diese vielseitige Kost genießen konnte, ohne sich von ihren Wohnstätten zu entfernen und daher seßhaft blieb.

Vor rund 17000 Jahren ließen sich einige Völkergruppen, die über mindestens fünf verschiedene Werkzeugausstattungen verfügten, in der weiten Ebene von Kom Ombo, 45 km stromabwärts vom heutigen Aussuan-Staudamm, nieder. Dort blieben sie rund 5000 Jahre, bis irgendein Klimawechsel, vielleicht eine Dürre, ihr Leben veränderte. Hier wurde der entscheidende Schritt in der Menschheitsgeschichte getan, der ein paar tausend Jahre später zum Ackerbau führen sollte.

Diese Menschen entwickelten sich im Laufe der Zeit zu Wildbeutern, d. h., sie konzentrierten sich auf einige wenige Pflanzen- und Tierarten, so daß sie sich an einem festen Ort ansiedeln und das ganze Jahr von ihrer Spezialkost leben konnten. Wenn sie auch noch kein Getreide anbauten, ernteten sie doch schon systematisch und sehr erfolgreich die Samen wilder Gräser.

Wie auch heute noch erstreckte sich die Ebene von Kom Ombo, die größte ihrer Art in Oberägypten, in einem flachen Oval von etwa 640 km^2 vom

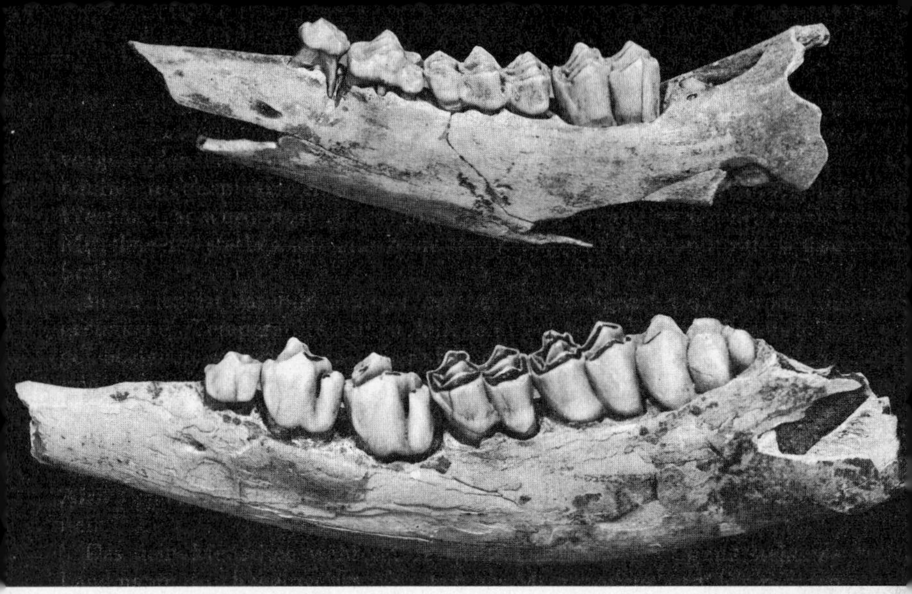

An dem Zustand von Tiergebissen kann man erkennen, wie alt die Tiere waren, als sie starben. An den Zähnen läßt sich sehr genau ablesen, daß der Kiefer oben mit seinen großen, wenig abgenutzten Zähnen einem Tier gehörte, das erst 13 Monate alt war, als es erlegt wurde. Die Zähne in dem unten abgebildeten Kiefer eines älteren Tieres zeigen die Abnutzungserscheinungen, die nach etwa 30 Monaten auftreten. Wenn man berücksichtigt, daß die Rentiere der Steinzeit ihre Jungen gegen Ende Mai setzten, kann man sich ausrechnen, daß ein 30 Monate altes Tier im Dezember und ein 13 Monate altes im Juli erlegt wurde.

Ostufer des Nils in das Landesinnere hinein. Sie wird begrenzt von zwei Wadis, trockenliegenden Flußbetten, die nur vorübergehend Wasser führen – z. B. nach starken Regenfällen. Beide haben ihren Ursprung in den Bergen jenseits der Arabischen Wüste an der Westküste des Roten Meeres. Die Ebene ist durchzogen von Nilarmen, die sich in den Monaten August bis Oktober, wenn in Ostafrika die Monsunregen fallen, mit Wasser füllen. Von März bis April herrscht dort große Trockenheit – die früher allerdings wohl kaum so ausgeprägt war, denn vor 17000 Jahren war das Klima von Nordafrika allgemein kühler und feuchter als in unserer Zeit.

Jede Jahreszeit brachte andere Tiere in die Ebene. Die Wildrinder liebten die Nähe des Wassers und hielten sich deshalb dann in der Gegend auf, wenn die Flüsse viel Wasser führten und die Gräser jung und saftig waren. Gazellen und Kuhantilopen bevorzugten die trockene Jahreszeit, deren Vegetation mehr der ihrer gewohnten Umgebung, der Savanne, entsprach. In wasserreichen Zeiten konnten Welse, Flußbarsche, Nilschildkröten mit ihrem weichen Panzer und Nilpferde gefangen werden. Und das ganze Jahr über nisteten dort Wasservögel aller Art. Manche waren dort beheimatet, andere waren Zugvögel, die dem kalten Winter in Europa entflohen. Die Archäologen, die an den Siedlungsplätzen der verschiedenen Kom Ombo-Gruppen Ausgrabungen machten, stießen auf die Knochen von Enten, Gänsen, Kormoranen, Reihern, Sägern, Fischadlern, Adlern, Kranichen und Brachvögeln. Eine Fauna dieser Vielfalt konnte sich dort halten, weil die Ebene mit getreideähnlichen Gräsern bewachsen war, die möglicherweise mit dem Sorghum und der Gerste unserer Zeit verwandt waren.

Wildes Getreide wird geerntet. So ist es nicht verwunderlich, daß das vielfältige Nahrungsangebot, das Wasser und die ausgedehnten Weidegebiete viele Menschen nach Kom Ombo zogen. Die Archäologen sind der Ansicht, daß zwischen 150 und 200 Menschen gleichzeitig in dieser Ebene leben konnten. Für das Steinzeitalter war eine Bevölkerungsdichte von 0,3 Menschen pro km^2 enorm hoch. Und sie scheint interessante Auswirkungen gehabt zu haben. In jedem dieser am Ufer eines Wasserlaufs gelegenen Siedlungsgebiete lebten 25 bis 30 Menschen dicht beieinander, und jede dieser Gruppen entwickelte einen eigenen Lebensstil. Manchmal war das «Markenzeichen» einer solchen Gemeinschaft ein besonderes Werkzeug, ein anderes Mal eine besondere Technik bei der Nahrungssuche. Möglicherweise veranlaßte der Konkurrenzkampf die Gruppen zu solchen Formen der Spezialisierung, aber es ist auch nicht ausgeschlossen, daß die Menschen in dieser plötzlich dicht bevölkerten Welt nach einer Art sozialer Ordnung suchten und begannen, sich als Gruppe zusammengehörig zu fühlen.

Auf besonders faszinierende Weise spezialisierte sich eine dieser Gruppen, die mehr als alle ihre Vorläufer in der Ebene an den Gräsern interessiert war. Sie erntete und bearbeitete die wilden Getreidesorten so intensiv, daß sie sich weitgehend von Getreide ernährt haben könnte. Unter den Artefakten dieser Sammler waren Steinsicheln und massive Mühlsteine. Diese

Die Cro-Magnon-Menschen im Vézère- und Dordognetal im Südwesten Frankreichs mußten mit schnelleren und extremeren Veränderungen in ihrer unmittelbaren Umgebung fertig werden als die Menschen nach ihnen. Wie aus dem nebenstehenden Diagramm zu ersehen ist, schwankte das Klima ständig zwischen mild und trocken und kalt und feucht, so daß die Vegetation der Gegend und damit auch der Tierbestand ständigen Wechseln unterworfen war. Diese Schwankungen in der Umwelt des Menschen machten sich auch in seiner Lebensweise bemerkbar, beeinflußten seine Nahrung, seinen Bedarf an warmer Kleidung und Unterkünften und die Entfernungen, die er zurücklegen mußte, um Nahrung zu finden.
Das Diagramm zeigt, wie sich die Temperaturschwankungen auf die Fauna auswirkten. Wenn das Klima beispielsweise milder und feuchter wurde, wie in den Jahrhunderten vor 25 000 v. Chr., dann gab es z. B. weniger Polarfüchse; der Bestand an Rentieren hingegen, die sich von saftigem Gras und niedrigen Gräsern, Flechten und Moosen gleich gut ernähren konnten, blieb konstant.

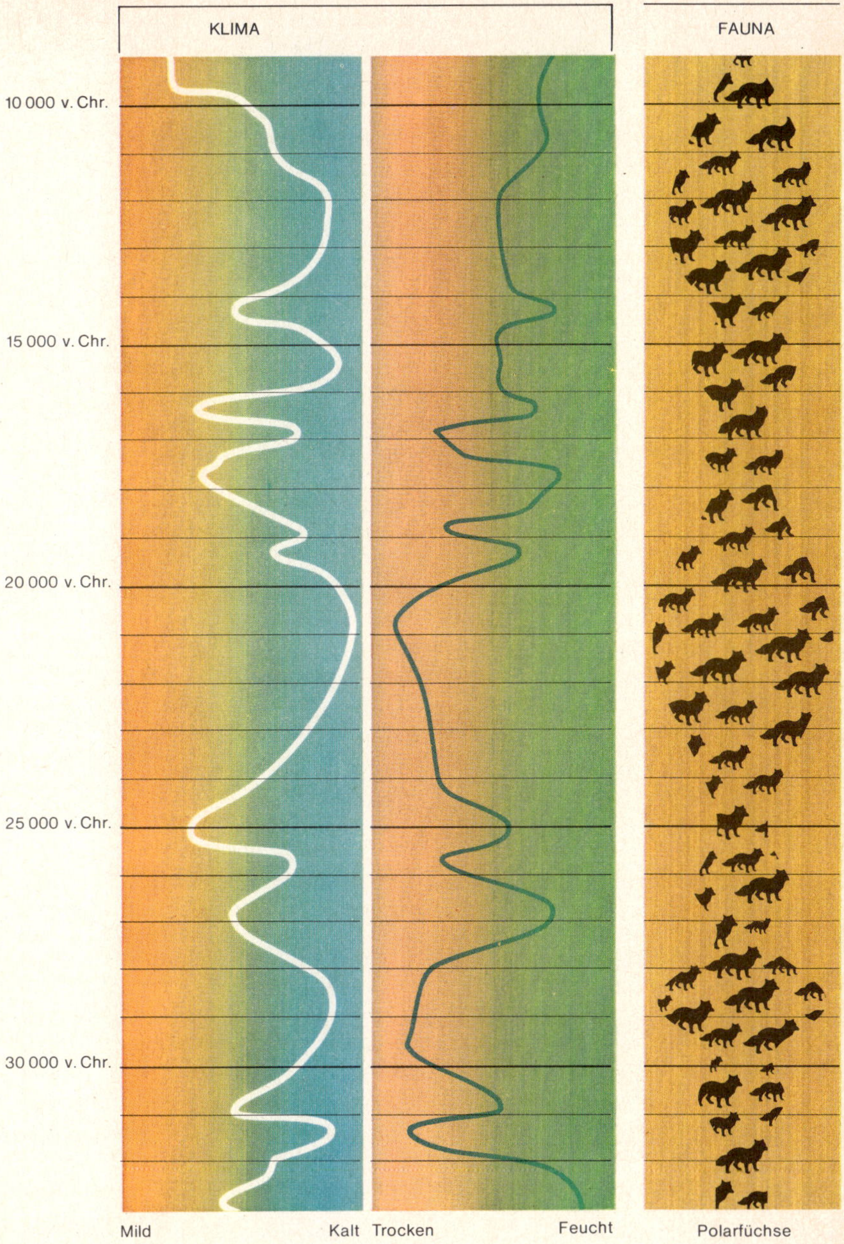
KLIMA
FAUNA
10 000 v. Chr.
15 000 v. Chr.
20 000 v. Chr.
25 000 v. Chr.
30 000 v. Chr.
Mild
Kalt
Trocken
Feucht
Polarfüchse

Steine sind in der Mitte leicht ausgehöhlt, und in diese Vertiefung kam das Getreide, das dann mit den flachen Reibesteinen, die man an den gleichen Stellen gefunden hat, bearbeitet wurde. Diese beiden zusammen stellten ein ähnlich funktionelles Arbeitsgerät dar wie die Kombination «Metate» und «Mano», mit der die Indianer im Südwesten Amerikas ihren Mais mahlen.

Die Mühlsteine von Kom Ombo wurden am Fuß der Sandsteinfelsen entdeckt, aus denen man sie sich ursprünglich geholt hatte, und es fanden sich immer mehrere zusammen an einer Stelle. Die Archäologen vermuten daher, daß das Getreidemahlen und wahrscheinlich auch die Ernte von der Gruppe besorgt wurde. Wenn die Ähren der Gräser reiften, gingen alle zusammen auf die «Felder» hinaus, um die Körner mit der Hand abzustreifen oder die Halme mit ihren Steinsicheln abzuschneiden. Die Ernte trugen sie dann zu dem Ort, wo die Mühlsteine standen, um sie – wahrscheinlich mit den Füßen – zu dreschen und schließlich zu «mahlen».

Von dem gesamten Erntevorgang sind jedoch außer den Sicheln und Mühlsteinen keine weiteren Artefakte überliefert. Ob die Kom Ombo-Menschen ihr Korn wohl mit einem Reisigbündel droschen, wie es im primitiven Ackerbau heute noch geschieht? Schütteln sie es an einem windigen Tag auf, damit der letzte Rest Spreu sich herauslöste? Was für einen Behälter benutzten sie, um das Korn zur «Mühle» zu tragen? Auf Grund der vielen Schilf- und Grassorten am Nil entwickelten sich die Nachkommen dieser Steinzeit-Menschen zu sehr geschickten Korbmachern. Versuchten auch schon die frühen Bewohner der Nilgegend so etwas wie Matten oder flache Körbe zu flechten, mit denen sie ihr Korn leichter transportieren konnten?

Noch interessanter wäre es zu erfahren, was sie mit dem Ertrag machten. Vermutlich bereiteten sie Grützen daraus und dickten ihre Fleischeintöpfe damit an. Aber da sie das Korn bereits zu grobem Mehl verarbeiteten, ist anzunehmen, daß sie auch schon eine Art Brot herstellten. Vielleicht wurde ein ungesäuerter Teig aus Schrotmehl und Wasser auf einem heißen Stein gebacken – ein Verfahren, das heute noch von vielen Völkern angewendet wird. Manche Wissenschaftler vertreten sogar die Meinung, daß das Getreide vielleicht schon zur Herstellung von Bier verwendet wurde.

Der Cro-Magnon-Mensch lebte wahrscheinlich länger und war gesünder als seine Vorfahren. In den fruchtbaren Tälern Ägyptens, in den eisigen Ebenen Sibiriens und an der Küste Afrikas bewies der Cro-Magnon-Mensch, daß er in der Lage war, sich unterschiedlichen Umweltbedingungen ausgezeichnet anzupassen. Die Kälte konnte ihm offenbar nichts anhaben. Wenn das Fleisch knapp wurde, ernährte er sich von Fisch. Dank weitsichtiger Planung brachte er gemeinsam mit seinen Stammesgenossen eine ganze Getreideernte ein. Nachdem er jahrhundertelang als Nomade gelebt und auf der Suche nach Wild und frischen Früchten und Beeren ständig den Wohnort gewechselt hatte, gelang es ihm schließlich, an einer

Stelle zu bleiben und dort das jeweilige Nahrungsangebot der Jahreszeit systematisch auszunutzen. Kurz gesagt, er wurde schließlich Herr über die Welt, in der er lebte.

Dieser Wandel in seinen Lebensbedingungen brachte zwangsläufig mit sich, daß sich auch sein physisches Wohlbefinden und sein Lebensstil änderten. Zunächst einmal war der Cro-Magnon-Mensch wahrscheinlich gesünder als seine Vorfahren. Weil er genug zu essen hatte und seine Kost abwechslungsreicher war, muß er stärker und flinker gewesen sein und die Tiere auf der Jagd schneller eingeholt und überlistet haben. Möglicherweise lebte er auch länger und hatte dadurch Gelegenheit, sein Wissen zu vermehren und in stärkerem Maße an seine Kinder und Kindeskinder weiterzugeben.

Die geschicktere Nutzung der Nahrungsquellen verhalf dem Cro-Magnon-Menschen noch zu weiteren Vorteilen. Da er nun häufig ein seßhafteres Leben führen konnte, war er in der Lage, sich materielle Güter zuzulegen, die sich bei seinen Wanderungen als sehr unpraktisch erwiesen hätten. An mehreren Siedlungsplätzen in Mitteleuropa formten die Cro-Magnon-Menschen zum Beispiel Gegenstände aus Ton und brannten diese sogar in kuppelförmigen Öfen. Wichtiger aber als materieller Besitz waren die Kenntnisse, die der Cro-Magnon-Mensch sich auf technischem und sozialem Gebiet erwarb: Mit ihnen gewann er die Grundlagen für Sprache, Kunst und Religion – und für die komplexen Formen sozialer und politischer Organisation, die das Wesensmerkmal fortschrittlicher Kulturen darstellen.

3. Die Technologie des Steinzeitalters

Eines Tages in ferner Zukunft, wenn der Benzinmotor ein kurioses Stück Vergangenheit geworden ist, Penicillin als seltsame Quacksalbermedizin betrachtet wird und Stahl als veraltet gilt, werden die Archäologen sich vielleicht beim Rückblick auf das 20. Jahrhundert staunend fragen, wie es denn möglich gewesen sei, daß menschliche Wesen, deren technische Mittel derartig beschränkt waren, so gut zurechtgekommen sind. Genauso stellen sich die Leute heute gern ihre Cro-Magnon-Vorfahren als primitive Wesen vor, die mit unhandlichen, stumpfen Steinen einem erlegten Mammut zu Leibe rückten, und wundern sich, daß so schlecht ausgerüstete Menschen mit der rauhen Eiszeitumwelt fertig wurden.

Hat man jedoch einmal ein Werkzeug aus der Steinzeit in der Hand gehalten und genau betrachtet, wird einem klar, wie falsch diese Vorstellung ist. Die ausgewogenen Proportionen dieser Werkzeuge und die Qualität der Ausführung lassen erkennen, daß keineswegs unbeholfene und ungeschickte Menschen am Werke waren, sondern daß vielmehr eine beachtliche technische Leistung erbracht wurde. Der Cro-Magnon-Mensch war ein außerordentlich fähiger und erfinderischer Werkzeugmacher, der in der Geschichte der Technologie einen großen Sprung vorwärts tat. In den etwa 30000 Jahren, in denen er die Erde bevölkerte, machte er bedeutendere Fortschritte in technologischer Hinsicht und ordnete sich seine Umgebung stärker unter, als es den Menschen vor ihm im Laufe von 1,3 Millionen Jahren gelungen war.

Zu keiner Zeit hat es jemanden gegeben, der Stein geschickter zu bearbeiten verstand als er; er verbesserte alte Techniken, um die Werkzeuge tauglicher und vielseitiger zu gestalten. Aber er probierte auch andere Materialien aus – wie Knochen, Geweih und Elfenbein –, die bis dahin wenig benutzt worden waren und für die er neue Möglichkeiten der Anwendung

Dieses fein bearbeitete «Lorbeerblatt» aus Frankreich, einmal maßstabgetreu (oben rechts) und daneben in vergrößertem Ausschnitt, ist so zerbrechlich, daß es keinen praktischen Zweck erfüllen konnte. Die Klinge, die 28 cm lang, aber nur 1 cm dick ist, fand vielleicht bei Zeremonien Verwendung – oder war das «Meisterstück und Aushängeschild» eines geschickten Werkzeugmachers.

fand. Er stellte Waffen, Gebrauchsgegenstände und Schmuck aus ihnen her. Er eignete sich eine größere Fertigkeit im Umgang mit dem Feuer an und lernte, es für neue Zwecke einzusetzen. Manche Unterkünfte, die er sich baute, sahen fast schon wie richtige Häuser aus. Sie waren haltbarer als früher und boten mehr Wetterschutz, und wenn ein Klimaumschwung kam, dann fand er Wege, auch damit fertig zu werden. Die physische Evolution wurde von technischen Errungenschaften und kultureller Anpassung abgelöst, und der Mensch ließ allmählich all das zurück, was ihn noch mit dem Tier verbunden hatte. Er war immer noch von der Natur abhängig, wurde aber nicht mehr von ihr uneingeschränkt beherrscht.

Werkzeug oder Kunstgegenstand? Die verbesserten Steinwerkzeuge waren von großer Bedeutung für die neue technische Überlegenheit des Cro-Magnon-Menschen, aber ironischerweise weiß niemand ganz genau, welchen Zwecken die bemerkenswertesten Beispiele seines neuen Könnens gedient haben, wie z. B. ein 28 cm langes Artefakt, das man seiner Form wegen Lorbeerblattspitze nennt. Dieses Stück Feuerstein ist für ein Messer zu empfindlich und für eine Speerspitze zu groß und zu zerbrechlich, es scheint also ein Zierstück zu sein. Einen Gegenstand von so gewagten Proportionen zu schaffen, setzt jedenfalls ein handwerkliches Können voraus, das der Kunst nahe verwandt ist. Viele Archäologen sind auch der Meinung, daß es sich bei diesem und ähnlichen besonders schönen Stücken um Kunstwerke gehandelt haben könnte, die aus einem ästhetischen Empfinden heraus oder zu rituellen Zwecken, jedenfalls nicht mehr zum täglichen Gebrauch, hergestellt worden waren. Vielleicht wurden sie als besondere Wertstücke von einer Person oder Gruppe an die andere weitergereicht.

Wenn solche großen «Lorbeerblätter» nicht als Gebrauchsgegenstände benutzt wurden, dann waren sie offenbar Beispiele für eine Technologie, die über sich selbst hinauswies. Die kleineren Gebrauchsgegenstände des täglichen Lebens, die diesen Zierstücken als Vorlage dienten, erfüllten nämlich rein praktische Zwecke. Man hat bei Ausgrabungen in Westeuropa Tausende von Steinspitzen in verschiedenen Größen gefunden, und zweifellos gaben viele von ihnen ausgezeichnete Speerspitzen oder rasierklingenscharfe Messer ab. Sie waren Kernstücke in den Waffenbeständen der Menschen, die in den wildreichen Gebieten Europas lebten und jagten und deren Existenz immer weniger von ihrer einfachen Muskelkraft als von ihrem Verstand und der Tauglichkeit ihrer Waffen abhing.

Die Steinklingen waren ohne Frage außerordentlich scharf. Bei Versuchen hat man jüngst festgestellt, daß gut gemachte Feuersteinspitzen ähnlicher Beschaffenheit schärfer als Eisenspitzen sind und daß Wurfwaffen mit Feuersteinspitzen tiefer in den Körper eines Tieres eindringen als solche mit Eisenspitzen. Dasselbe gilt für Messer aus Feuerstein, die genausogut, wenn nicht besser schneiden als Stahlmesser. Der einzige Nachteil bei beiden ist, daß Stein brüchiger ist als Metall und die Steinwerkzeuge deshalb häufiger ersetzt werden müssen.

Solche Waffen spielten im Leben der Cro-Magnon-Jäger eine wichtige Rolle, und das stützt die Theorie, daß die nicht für den täglichen Gebrauch bestimmten Ausführungen, von denen man einige Dutzend nachgewiesen hat, bei rituellen Zeremonien die Speerspitze repräsentierten. Eine andere Theorie besagt, dieses großartige «Lorbeerblatt» sei vielleicht einfach nur die Glanzleistung eines Virtuosen unter den Werkzeugmachern gewesen, der hier sein Können unter Beweis stellen wollte. Ohne Frage ist das «Lorbeerblatt» eine hervorragende Arbeit, und heutzutage gibt es sicher nur wenige Leute, die dieses frühe Handwerk so beherrschen, daß sie dergleichen anfertigen könnten.

Es ist zwar verständlich, aber auch recht bedauerlich, daß eine Fähigkeit, die mehr als eine Million Jahre lang von großer Bedeutung für das menschliche Dasein war, sich in den letzten paar Jahrhunderten fast ganz verloren hat. Es gibt noch einige wenige Jäger- und Sammler-Völker, wie die Ureinwohner Australiens, deren Pfeil- und Speerspitzen und Schaber noch aus Stein bestehen, aber auch sie sind dabei, den Stein durch das Metall der Neuzeit zu ersetzen. In der technisierten Gesellschaft gibt es nur noch sehr wenige Handwerksinnungen, die diese alte Kunst ebenfalls bis zu einem gewissen Grade beherrschen. Die Bauern des Dorfes Cakmak in der Türkei zum Beispiel ziehen Holzschlitten mit groben Feuersteinklingen über das Getreide, um es auf diese Weise zu dreschen. In Brandon in England stellen ein oder zwei Handwerker heute noch Feuersteine für Liebhaber von Steinschloßgewehren her, wie sie im amerikanischen Unabhängigkeitskrieg verwendet wurden. Schließlich gibt es überall auf der Welt ein paar begeisterte Amateure – meistens handelt es sich um Archäologen –, die sich die Technik des Steinschlages angeeignet haben, weil sie mehr darüber erfahren wollten, wie der Mensch der Vorgeschichte lebte und wie er mit seinem Werkzeug umgegangen sein könnte.

Herstellung von Steinwerkzeugen. Es ist nicht leicht, dieses Handwerk zu meistern. Zunächst einmal muß der Steinschläger das Rohmaterial genau kennen, von dem er die Stücke abschlägt, die er dann zu Werkzeugen weiterverarbeitet. Am besten eignen sich Steine von feiner, glatter Struktur, und noch besser als Stein läßt sich Glas verarbeiten. Die Glasisolatoren auf Telegrafenmasten im australischen Busch verschwanden schneller, als sie ersetzt werden konnten, denn die Ureinwohner, die sonst Stein bearbeiteten, waren von dem neuen Material zur Herstellung ihrer Werkzeuge sehr angetan. Die Störungssucher ließen schließlich ganze Stapel von Isolatoren am Fuß der Masten als Gabe für die Ureinwohner zurück.

Glas ist jedoch sehr zerbrechlich, und in seiner natürlichen Form als Obsidian oder Vulkanglas kommt es sehr selten vor. Das nächstbeste Material ist Feuerstein. Seine feine, kristalline Struktur gestattet dem Steinschläger, die Form des gewünschten Gegenstandes selbst zu bestimmen. Bei festem Gestein wie Granit oder bei dünnplattigem Gestein wie Schiefer ist das auf Grund von Rissen und grobkörniger Struktur nicht so einfach. Wo kein Feuerstein vorhanden war, wurden Gesteinsarten mit möglichst feiner Struktur, wie beispielsweise Quarzit und Basalt, verwendet.

Das Schwierigste beim Abschlagen ist, genau vorher zu wissen, wie und wo man Druck auf den Stein ausüben muß. Entweder geschieht das direkt mit einem Stein-, Knochen- oder Holzhammer oder indirekt mit einem Stanzwerkzeug aus Knochen oder mit einem spitzen Gegenstand, einer Geweihsprosse zum Beispiel, womit kräftig und gleichmäßig Druck ausgeübt wird. In jedem Fall muß die Kraft sehr genau dosiert sein, und der Steinschläger muß ein Gefühl für die Brechungsebenen und -winkel in der Struktur des Steines haben. Wenn er den Dreh erst einmal heraus hat, kann er aus der Gesteinsoberfläche ein Stück herausschlagen oder -stoßen, das sich in der Größe für das von ihm vorgesehene Werkzeug eignet und rasierklingenscharfe Kanten aufweist.

Diese beiden Vorzüge bestimmter Gesteinsarten – daß sie sich von einem geschickten Steinschläger gut bearbeiten lassen und mit scharfen Kanten abbrechen – waren für die frühe Technologie des Menschen ausschlaggebend. Die Auswertung dieser Erkenntnis bestimmte Hundertausende von Jahren seinen technischen Fortschritt. Anfangs wandte der Mensch nur die beiden grundlegenden Methoden an: Entweder er schlug zwei Steine zusammen, um so aus dem einen ein Werkzeug zu fertigen, wie beispielsweise einen Faustkeil oder «Chopper», oder er trennte von einem Rohstein scharfkantige Abschläge und benutzte diese als Werkzeuge. Mit der Zeit lernte er, wie man Abschläge von gleichmäßiger Größe und Form herstellen und diese noch verbessern konnte, um sie für bestimmte Zwecke zu gebrauchen: den Schaber zum Säubern der Häute, die Speerspitze für die Jagd oder die Axt zum Bäumefällen und Holzhacken.

Zur Zeit des Cro-Magnon-Menschen kam eine weitere Verbesserung hinzu. Europas Steinschläger lernten, sehr dünne Steinspäne von einem Kernstück abzuschlagen, sogenannte Klingengeräte, die mindestens doppelt so lang wie breit waren und zwei so scharfe Ränder aufwiesen, daß diese manchmal sogar künstlich stumpf gemacht wurden, damit man sie überhaupt anfassen konnte. Ein hoher Grad an Geschicklichkeit ist notwendig, um solche langen, dünnen Klingen herzustellen.

Der Steinschläger muß zunächst einen Feuersteinknollen zu einem mehr oder weniger zylindrischen Kern schlagen und dann von außen in der Längsrichtung eine Klinge nach der anderen spanartig ablösen, was durch starken Druck oder einem sorgfältig gezielten Schlag auf die obere Kante des Kernstücks geschieht. Die scharfen Späne, die dabei absplittern, sind so lang wie der Kern, der zwischen 13 und 30 cm hoch ist, aber sie sind im allgemei-

Dieses älteste bisher gefundene «Feuerzeug» aus Eisenpyrit stammt aus einer Höhle in Belgien, wo man es vor 10000 Jahren oder noch früher zurückgelassen hatte. Die tiefe Kerbe hat sich in dem runden Pyrit gebildet, als dieser immer wieder mit Feuerstein bearbeitet wurde, um Funken zu erzeugen. Offensichtlich stellten die Cro-Magnon-Menschen als erste fest, daß bei der Kombination von Feuerstein und Eisenpyrit die Funken heiß genug sind, um Zunder zu entflammen.

nen nur Millimeter dick. Jede neue Klinge wird gleich neben der von der letzten zurückgebliebenen Kerbe angesetzt, und so geht es um die Außenseite des Kerns herum, bis nicht mehr genug Feuerstein übrigbleibt, um damit arbeiten zu können. Diese Klingen werden dann zu Werkzeugen verschiedenster Art weiterverarbeitet. Ein guter Steinschläger kann mehr als 50 Klingen von einem einzigen Kernstück abschlagen – und das innerhalb von wenigen Minuten.

Die Klingentechnik hat den Vorteil, daß sie sparsamer ist als das ältere Abschlagverfahren. Der Werkzeugmacher gewinnt mehr Klingen aus derselben Menge Feuerstein, außerdem hat jede Klinge eine vier- bis fünfmal so lange brauchbare Schnittkante wie ein Abschlaggerät. Sparsamer Umgang war vielleicht nicht von Bedeutung in Gegenden, wo es genügend hochwertigen Feuerstein gab. In England z. B. kommt sogenannter Kalkfeuerstein ziemlich häufig vor, vom eigroßen Stück bis zu Knollen, die annähernd einen Zentner wiegen. Wenn aber eine Gruppe Jäger und Sammler in einer Gegend lebte, in der guter Feuerstein knapp war, dann war diese neue Technik ein großer Vorteil. Der sowjetische Spezialist der Steintechnologie, S. A. Semenow, wies darauf hin, daß jetzt zum erstenmal «ein Mensch, der mit einer kleinen Menge Feuerstein auskommen mußte, bedeutend mehr damit erreichte».

Interessanterweise waren die Klingwerkzeuge, die man in Kostjenki am Don in der Sowjetunion gefunden hat, aus Feuerstein hergestellt, der aus mindestens 140 km Entfernung stammte. Für die Jäger, die in Kostjenki lebten, muß es von großer Bedeutung gewesen sein, so viele Klingen wie möglich aus einem Knollen herauszuholen. Die Klingen selbst wurden dort geschlagen, wo der Feuerstein anstand: Auch das war eine Sparmaßnahme. Man konnte die Knollen an Ort und Stelle auf Mängel überprüfen und die weniger guten wegwerfen, und man konnte die Abschläge, die beim Formen

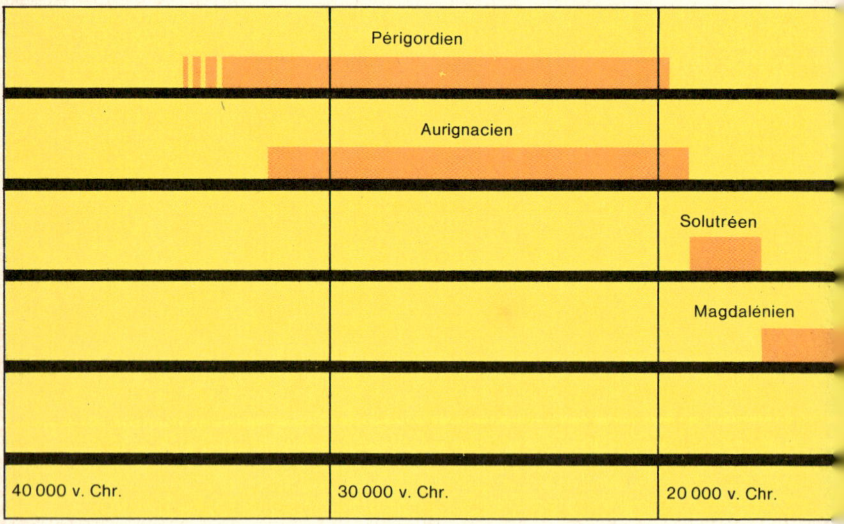

der Kernstücke abfielen, zurücklassen und machte so das Marschgepäck für die Männer leichter, die die groben Klingen nach Kostjenki zurücktrugen.

Die Klingentechnik muß ein Segen für die Jäger gewesen sein, die oft tagelang unterwegs waren und nur wenig Hoffnung hegen durften, Feuersteine oder wenigstens andere feinkörnige Steine zu finden. Jetzt konnten sie sich einen Vorrat an Kernen oder Klingen mitnehmen. Sie brauchten ihn, da die Speerspitzen zerbrachen, wenn sie bei einem schlecht gezielten Wurf gegen einen Felsen prallten, oder ihnen abhanden kamen, wenn ein Tier getroffen war, aber noch flüchten konnte. Die feinen Schneiden der Messer wurden beschädigt, wenn damit Knorpel und Bänder durchschnitten wurden. Dank der Klingentechnik war es kein Problem mehr, auf der Jagd verlorengegangene Geräte zu ersetzen.

Unterschiedliche «Geräte-Industrien». Die Cro-Magnon-Menschen wurden allmählich geschickter in der Werkzeugherstellung, und das scheint ein wichtiger Aspekt ihrer sich immer stärker unterscheidenden Kulturen zu sein. Die Faustkeile des *Homo erectus* sahen alle ziemlich ähnlich aus, ob er nun in Spanien oder Ostafrika lebte. Das gleiche gilt für den Neandertaler; auch seine Schaber und Messer wirkten mehr oder weniger identisch, wo immer er sich aufhielt. In manchen Fällen könnte man

Diese Tabelle zeigt die Zeiträume, in denen die fünf großen Werkzeugindustrien in Frankreich ihre Blütezeit erlebten. Jeder Abschnitt kennzeichnet einen neuen Stil. Ist der Abschnitt durchbrochen, so herrscht Unsicherheit über Beginn und Ende des entsprechenden Stils. Das Solutréen und Magdalénien zusammen bilden einen Höhepunkt in der Technologie der Cro-Magnon-Menschen. Das darauf folgende Azilien verschwand kurz vor dem Aufkommen des Ackerbaus. (Die Namen für eine Werkzeugindustrie beziehen sich in der Regel auf die wichtigsten Fundorte der entsprechenden Werkzeuge; z. B. Solutréen, so benannt nach Solutré, einem Dorf im französischen Department Saône-et-Loire.)

meinen, sie seien von demselben Werkzeugmacher angefertigt. Aber mit dem Cro-Magnon-Menschen ändert sich das Bild. In den Anfängen seiner Zeit gab es, der klassischen französischen Einteilung zufolge, in Westeuropa zwei wichtige Geräte-«Industrien», das Aurignacien und das Périgordien, so genannt nach den Orten, wo die ersten charakteristischen Funde gemacht wurden. Beide sind dann noch weiter unterteilt worden. Die Zeit der jüngeren Cro-Magnon-Menschen beherrschen zwei andere Kulturen, die als Solutréen und Magdalénien bezeichnet werden.

Die Menschen, die Aurignacien- und Périgordien-Schaber herstellten, lebten anscheinend zur selben Zeit oder nur kurz nacheinander. Diese Gleichzeitigkeit hat manches Rätsel aufgegeben. War jede der beiden Werkzeugindustrien eine Kultur für sich? Unterschieden sich die Menschen äußerlich voneinander? Sagte der Gerätebestand etwas aus über die klimatischen Bedingungen und die Fauna und Flora, die sie vorfanden? Oder handelte es sich nur um Unterschiede in der Form? Vielleicht stellte eine Population Werkzeuge unterschiedlicher Art – oder derselben Art, aber in unterschiedlichen Mengen – her, je nach Jahreszeit oder sonstigen Gegebenheiten.

Inzwischen ist es wohl sicher, daß einige Unterschiede bei der Geräteherstellung weniger auf Zweckdienlichkeit als auf individuellen Ausdruck oder Präferenzen bestimmter Gruppen zurückzuführen sind. Werkzeugmacher aus derselben Gegend, die möglicherweise miteinander in Verbindung standen, fertigten durch eine besondere Art der Bearbeitung des Feuersteins Geräte an, die sich alle in der Form ähnelten. Sie hielten an ihrem Stil fest und gaben ihn an die nachkommenden Generationen als einen Ausdruck ihrer Persönlichkeit, sozusagen als ihre Signatur, weiter. Der Cro-Magnon-Mensch stellte in seiner Kunst, seinen Dekorationen und seinem Schmuck deutlich unter Beweis, daß er sich immer besser auszudrücken verstand und sich seiner selbst immer mehr bewußt wurde. Möglicherweise zeigte diese spezifische Entwicklung sich auch in einigen seiner Werkzeuge.

Die Werkzeuge der Cro-Magnon-Menschen mögen auf den ersten Blick recht einfach erscheinen, doch sie waren sehr genau durchdacht, und ihre Anfertigung erfordert außerordentliches Geschick. Einer der fähigsten und vielseitigsten Werkzeugmacher unserer Zeit – ein Mann, der auf Grund seiner Geschicklichkeit auch in der Zeit der Cro-Magnon-Menschen hätte überleben können – ist Jacques Tixier, der hier mit einem rohen Feuersteinknollen in der Hand und einigen der von ihm benutzten Werkzeuge aus Stein und Geweih abgebildet ist. Tixier ist Leiter des Labors für Steinstudien am Institut de Paléontologie Humaine in Paris. Als Lehrer und später als Doktorand begann er, sich für Steinwerkzeuge zu interessieren, und bald versuchte er, selbst welche herzustellen. Nach den ersten ungeschickten Versuchen hatte er den Dreh heraus. Im Laufe der Zeit brachte er sich selbst die für die Cro-Magnon-Menschen Europas charakteristischste und gleichzeitig schwierigste Methode der Steinbearbeitung bei – die sogenannte Klingentechnik.

1. Tixier bereitet den Knollen für die Klingenherstellung vor, indem er ihn so lange mit einem Steinhammer bearbeitet, bis Splitter abspringen. Ein solcher Splitter rutscht gerade über die Lederschürze.

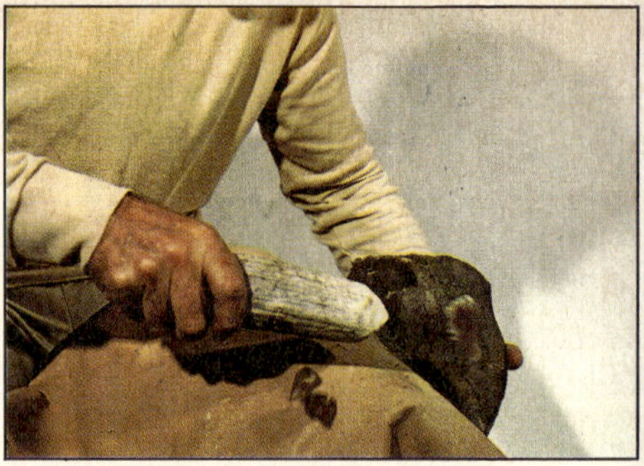

2. Jetzt bedient sich Tixier eines Hammers aus Elchgeweih, der nicht so grob arbeitet und kleinere Stücke von dem Feuerstein abschlägt, die hier gerade durch die Luft fliegen.

5. Tixier korrigiert die Kante.

6. Hier zeigt Tixier die gerade Kante.

9. Er hat die erste Klinge abgelöst. Zwei neue Kanten sind am Kern zurückgeblieben.

10. Tixier setzt sein Stanzwerkzeug erneut an, um eine weitere Klinge abzulösen.

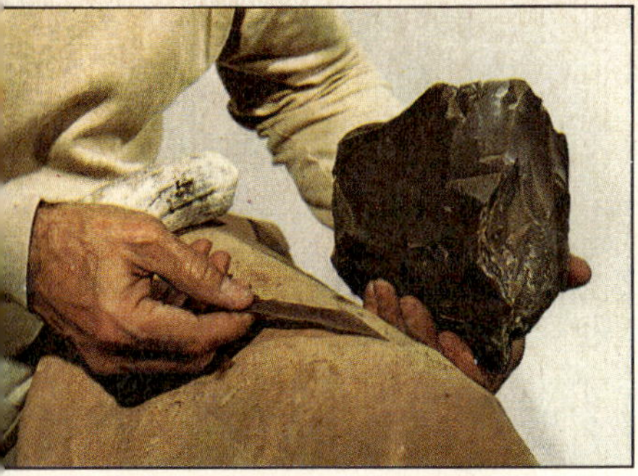

3. Einen der zahlreichen Späne hält Tixier in der rechten Hand. Splitter dieser Größe werden mit dem Geweihhammer abgeschlagen; die mit dem Steinhammer abgeschlagenen sind größer.

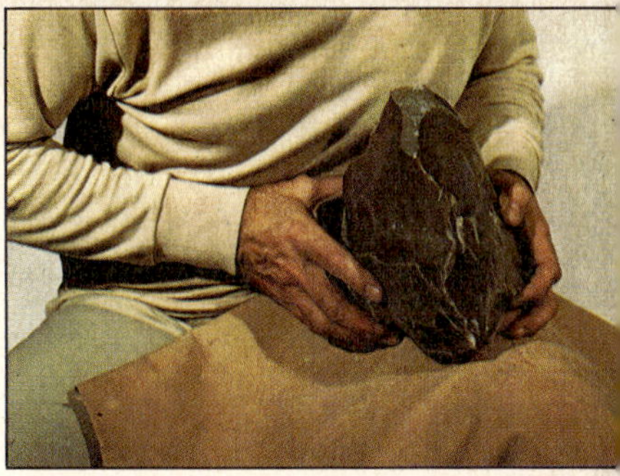

4. Tixier untersucht die noch unregelmäßige Kante, die beim Abschlagen des Kerns von beiden Seiten entstanden ist. Um die erste Klinge zu bekommen, wird er die ganze Kante abschlagen.

7. Tixier hält den Kern mit dem Fuß. Dann setzt er direkt hinter der Kante ein Steinwerkzeug an.

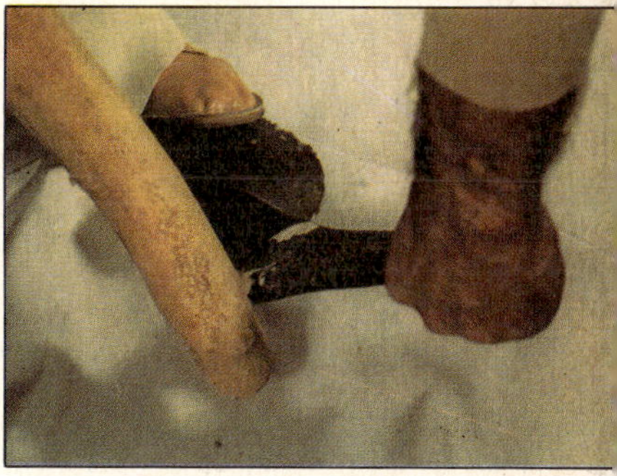

8. Gleiche Stellung, anderer Blickwinkel.

11. Tixier zeigt, wie die Klinge in den Kern paßt.

12. In 30 Minuten hat Tixier 16 Klingen abgeschlagen, die zu Spezialwerkzeugen weiterverarbeitet werden.

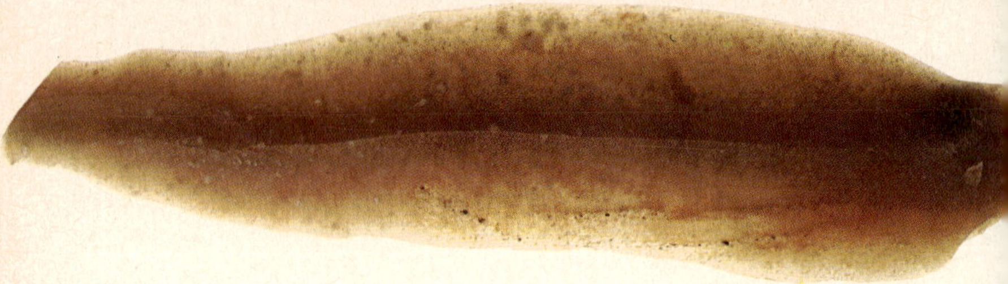

Die Cro-Magnon-Werkzeugmacher lernten, sehr dünne Steinspäne von einem Kernstück abzuschlagen, sogenannte Klingengeräte, die mindestens doppelt so lang wie breit waren und zwei so scharfe Ränder aufwiesen, daß diese manchmal sogar künstlich stumpf gemacht wurden, damit man sie überhaupt anfassen konnte. Ein hoher Grad an Geschicklichkeit ist notwendig, um solche langen, dünnen Klingen herzustellen (s. auch S. 72, 73, 77, 79 und 81).

Wenn die Geräteindustrien der Cro-Magnon-Menschen hinsichtlich des Stils auch individuelle Züge aufwiesen, so waren doch ihre Produkte alle gleich hinsichtlich ihrer Brauchbarkeit. Es wurden Spezialwerkzeuge angefertigt, wie sie die früheren Menschen noch nicht kannten. Die Archäologen unterscheiden zwischen 60 oder 70 Gerätetypen bei einigen Neandertalern: Schaber, die waagerecht gehalten werden mußten, Messer mit stumpfem Rücken oder mit zwei Schneiden und so weiter. Bei den Cro-Magnon-Menschen aber zählten sie über 100 Werkzeugtypen: Messer zum Schneiden von Fleisch, Messer zum Holzschnitzen, Knochenschaber, Hautschaber, Geräte zum Bohren von Löchern, Steinsägen, Meißel, Arbeitsplatten und viele andere mehr. Der Cro-Magnon-Mensch war der große Neuerer. Unter anderem vermutet man, daß er als erster viele seiner Steinwerkzeuge, wie Äxte und Messer, mit Griffen aus Knochen oder Geweih ausgestattet hat. Die Griffe an den Geräten erlaubten es, zwei- bis dreimal soviel Energie einzusetzen, denn er konnte jetzt fester zupacken und die Muskelkraft besser ausnutzen.

Der Stichel als Werkzeugmaschine. Eines der wichtigsten Werkzeuge, das vom Cro-Magnon-Menschen weiterentwickelt wurde, war der Stichel. Man ist fast versucht zu behaupten, der Stichel sei von ihm erfunden worden, aber Tatsache ist, daß er sich schon gelegentlich beim Neandertaler fand, ja sogar beim *Homo erectus.* Jedoch wurde der Stichel beim ersten modernen Menschen immer mehr verbessert, gewann an Bedeutung und kam jetzt sehr viel häufiger vor. Der Stichel war eine Art Meißel; heute bezeichnet man so das feine Stahlgerät, das die Kupferstecher benutzen, wenn sie ihre Metallplatten bearbeiten. Im Steinzeitalter handelte es sich dabei um ein Gerät mit einer festen, stark abgeschrägten Kante oder Spitze, mit der andere Materialien, wie Knochen, Geweih, Holz und manchmal auch Stein, geschnitten, geritzt und geformt wurden. Der Stichel unterschied sich von den meisten anderen vorgeschichtlichen Steinwerkzeugen darin, daß mit ihm keine Tiere getötet, kein Fleisch zerlegt, keine Häute gesäubert und keine jungen Bäume, die als Zeltstangen dienen sollten, abgeschlagen wurden. Mit ihm wurden hauptsächlich andere Werkzeuge und Geräte hergestellt, und somit ist er mit den heutigen Werkzeugmaschinen vergleichbar. Mit einem Gerät, das bei der Herstellung neuer Werkzeuge half, konnte sich die Technologie des Cro-Magnon-Menschen sehr viel schneller entfalten als je zuvor.

Der Stichel war wahrscheinlich eine große Hilfe bei der Anfertigung von allerlei Holzgeräten, aber diese sind nur in Bruchstücken erhalten. Am deutlichsten zeigt sich die Wirksamkeit dieses Werkzeugs in den Gegenständen, die mit ihm gefertigt wurden. Diese eindrucksvollen Geräte stellen, wie auch der Stichel selbst, die Intelligenz des Cro-Magnon-Menschen deutlich unter Beweis.

Drei organische Rohmaterialien, Knochen, Geweih und Elfenbein, halfen, die ständig wachsenden materiellen Bedürfnisse des Cro-Magnon-Menschen zu befriedigen, und der Stichel machte es möglich, daß diese Materialien auch auf breiter Ebene ausgewertet werden konnten. Schon der *Homo erectus* und der Neandertaler hatten bis zu einem gewissen Grade Knochen zum Schaben, zum Löcherbohren und Graben verwandt, doch längst nicht in dem Maße, wie es der Cro-Magnon-Mensch tat. An einem für den Neandertaler typischen Fundplatz sind vielleicht 25 von tausend dort ausgegrabenen Geräten aus Knochen, während der Rest aus Stein ist. In einigen Siedlungen der Cro-Magnon-Menschen kann das Verhältnis schon 50 zu 50 betragen.

Knochen, Geweih und Elfenbein waren in der Cro-Magnon-Zeit so etwas wie Wundermaterialien, vergleichbar den Kunststoffen unserer Zeit. Sie brachen nicht so leicht und ließen sich deshalb besser bearbeiten als Stein; andererseits waren sie viel fester und haltbarer als Holz und konnten mit dem Messer, dem Stichel, dem Meißel und dem Schaber bearbeitet, zugespitzt und geformt werden. Man konnte aus ihnen kleine Gegenstände wie Nadeln herstellen, doch waren sie auch bei schwereren Arbeiten nützlich: Ein Hirschgeweih eignet sich sehr gut als Spitzhacke, und ein der Länge nach gespaltener Beinknochen von einem Mammut muß nur geringfügig geändert werden und einen Griff bekommen, um eine sehr brauchbare Schaufel abzugeben. Elfenbein konnte man über Dampf halten und dann biegen, was der Werkzeugherstellung eine weitere Dimension gab.

Das beste daran war, daß dieselben Tiere, die der Cro-Magnon-Mensch jagte, weil er sich von ihnen ernährte, diese Materialien im Überfluß lieferten: Sie alle besaßen natürlich Knochen, und eine ganze Reihe der größeren

Arten, das Rotwild, das Rentier und das Mammut, hatte auch Geweihe oder Stoßzähne. Die Geweihe schien die Natur dem Menschen fast als Geschenk zu überlassen, denn er konnte sie sich auch beschaffen, ohne ein Tier töten zu müssen. Jedes Jahr stieß das Wild die alten Geweihe ab, und man konnte sie einfach vom Boden aufsammeln. Da Rentiere und Rotwild wohl zeitweise die in Westeuropa am stärksten vertretenen Tiere waren, wurde Geweih häufiger verwandt als Knochen und Elfenbein. In bestimmten Teilen Osteuropas und Sibiriens, wo man verhältnismäßig wenig Holz zur Verfügung hatte, entstanden Werkzeuge aus den Skeletten riesiger Mammuts, die entweder eines natürlichen Todes gestorben oder Jägern in die Falle gegangen waren. Ein Stoßzahn von einem Mammut konnte bis zu 3 m lang sein und über einen Zentner wiegen. Aus so viel Elfenbein ließ sich eine große Anzahl von Geräten herstellen.

Bei Knochen, Geweih und Elfenbein ist das einzige Problem, daß man besondere Werkzeuge braucht, um sie bearbeiten zu können – und hier gelangte der Stichel zu seiner Bedeutung. Seine feste Spitze konnte man leicht in den Knochen hineingraben oder hineinbohren, ohne ihn zu zerbrechen. Um einen Knochen zu durchtrennen, mußte der Werkzeugmacher eine tiefe Kerbe um den Knochen herum einritzen und ihn dann mit einem festen Schlag sauber an dieser Stelle spalten – genau wie der Glaser heute zunächst eine Rille in die Scheibe schneidet, ehe er sie auseinanderbricht.

Um lange, dünne Späne zu bekommen, die sich für Nadeln, Spitzen und Ahlen eigneten, mußte man mit einem Stichel nur immer wieder der Länge nach an einem Knochen herunterfahren und zwei parallele Rillen so tief einkerben, bis man auf das Knochenmark stieß. Das feste Stück zwischen den Rillen ließ sich nun leicht herausheben und weiter bearbeiten. Aus anderen Knochenteilen ließen sich Spachtel, Schaber, Perlen, Armringe, Geräte zum Graben und vieles mehr machen.

Neben Gegenständen für den häuslichen Gebrauch gab es aus Knochen und Geweih auch Lanzenspitzen und Harpunen mit Widerhaken, die dem Cro-Magnon-Menschen die Jagd auf das reichlich vorhandene Wild wesentlich erleichterten. Wahrscheinlich grasten nie wieder so viele eßbare Tiere

Die Herstellung eines Schabers

Oben: Tixier zeigt die Klinge, aus der er einen Schaber anfertigen wird. Sie ist so dünn, daß an den Rändern das Licht durchscheint. Mitte: Mit einem Geweihhammer schlägt Tixier das zerbrechliche Ende der Klinge ab, denn ein kurzes und dickes Ende hält dem Druck, der beim Ausschaben der Häute nötig ist, besser stand. Unten: Mit dem fertigen Schaber entfernt Tixier die dünne Haut von einem Kaninchenfell. Dies ist nötig, damit die Felle nicht verderben. Die Cro-Magnon-Menschen trockneten sie dann und verarbeiteten sie zu wärmender Kleidung (s. a. S. 71, 72, 73).

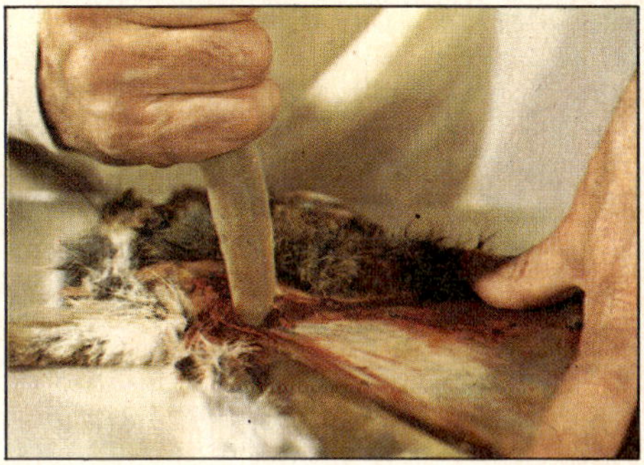

auf der Erde wie damals: In Europa und Asien gab es Mammuts, Pferde, Rotwild, Schweine, Rentiere und Wisente; in Afrika lebten alle die Tiere, die man dort heute noch kennt, sowie viele andere, inzwischen ausgestorbene Arten, wie beispielsweise die riesigen Verwandten des Büffels, der Kuhantilope und des Zebras. Der britische Archäologe Grahame Clark meint, daß diese Tiere für den Cro-Magnon-Menschen dazu da waren, «die Pflanzenwelt in Fleisch, Fett und Rohmaterialien wie Häute, Sehnen, Knochen und Geweihe umzusetzen». Die ersten modernen Menschen verwandten ihre beachtliche Intelligenz darauf, sich soviel wie möglich aus dem Füllhorn der Natur zu holen.

Riesige Fallgruben. Zwei überwältigende Beispiele ihrer Jagderfolge sind von Archäologen in Europa aufgedeckt worden. In der Nähe der Stadt Pavlov (Pollau) in der heutigen Tschechoslowakei wurden bei Ausgrabungen die Skelettreste von über 100 Mammuts freigelegt, die alle auf einem großen Haufen lagen. Am Fuß eines hohen Felsens in der Nähe von Solutré in Frankreich fand sich ein noch gewaltigerer Haufen fossiler Knochen von schätzungsweise 10000 Wildpferden. Die Mammutknochen waren wahrscheinlich von Jägern zurückgelassen worden, die die Tiere in riesige Fallgruben gelockt hatten. Die Pferde waren vielleicht über viele Jahre, wenn nicht gar Generationen hin von intelligenten, entschlossenen Jägern, die das Gebiet und das Verhalten ihrer Opfer sehr genau kannten, in den Abgrund getrieben worden.

Es ist sehr gut möglich, daß die Menschen dieser Zeit, zu denen auch die Vorfahren der amerikanischen Indianer gehören, die später einmal durch die Prärien Nordamerikas streifen sollten, sich von allen Menschen überhaupt am besten darauf verstanden, Tiere in großen Herden zu jagen. Ohne Zweifel wußten sie genau, welche Pflanzen diese Tiere fraßen, zu welcher Jahreszeit sie fortzogen und wie schnell sie vorwärts kamen, womit man sie in Panik versetzen oder aber auch beruhigen konnte. Sie wußten, wie man sie in Fallgruben trieb, mit einem Köder in Lederschlingen lockte und in natürliche oder vom Menschen errichtete Pferche brachte, indem man sie

Die Herstellung eines Bohrers

Oben: Um ein Gerät herzustellen, das den Cro-Magnon-Menschen als Ahle oder Bohrer diente, schlägt Tixier auf seinem Steinamboß mit dem stumpfen Ende eines Geweihhammers eine dreieckige Spitze zurecht. Mitte: Hier macht Tixier die Spitze flacher und schärfer, indem er sie fest gegen die Kante eines Steins preßt, so daß kleine Splitter abspringen. Diese Druckretusche ermöglicht eine feine Bearbeitung. Unten: Mit dem fertigen Bohrer stanzt Tixier ein Loch in ein Stück Leder. Durch dieses Loch konnten die Cro-Magnon-Menschen eine Sehne ziehen (s. a. S. 71, 72, 73).

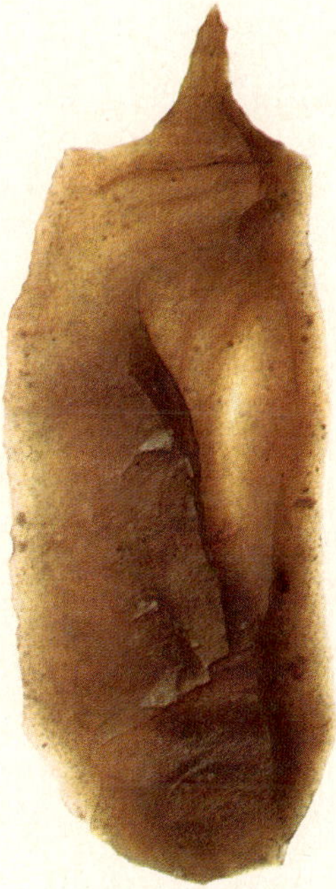

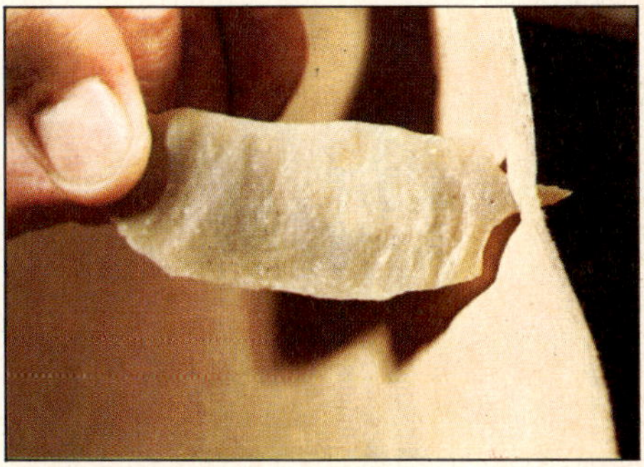

entweder in aller Ruhe aus einiger Entfernung zusammentrieb oder sie in Panik versetzte.

Wenn die Tiere erst einmal in die Falle gegangen waren, konnte man sie mit Speeren und Messern töten und an Ort und Stelle zerlegen. Das Fleisch trug man dann zum Lager zurück, vielleicht schon in bearbeitetem Zustand, möglicherweise in Streifen geschnitten und geräuchert oder an der Sonne getrocknet.

Es besteht auch kaum ein Zweifel, daß diese Jäger eine Menge über die Anatomie ihrer Opfer wußten und bestimmte Innereien sehr gern aßen. Noch heute heben die Eskimos im Innern Alaskas die Nebennierendrüsen getöteter Karibus auf, um sie Kleinkindern und Schwangeren zu geben. Bei einer chemischen Untersuchung der Drüse stellte sich heraus, daß sie sehr viel Vitamin C enthält, ein wichtiger, aber sonst sehr seltener Bestandteil der Eskimokost. Die Kenntnisse des Cro-Magnon-Jägers von diesen Dingen sollte man nicht überschätzen, doch ist anzunehmen, daß auch er genau wußte, welche Teile der von ihm gejagten Tiere gut schmeckten und auch besonders gesund waren.

Eine neue Jagdwaffe: Speerschleudern. Es machte sich bezahlt, daß der Cro-Magnon-Mensch so gut über seine Beute Bescheid wußte und dank seiner bedeutenden technischen Fortschritte eine bessere Jagdausrüstung besaß, denn er schaffte jetzt mehr Nahrung herbei. Die Männer hatten lange Speere aus Holz mit feuergehärteten oder scharfen Steinspitzen und stießen oder warfen damit nach ihrer Beute. Doch ein mit der Hand geworfener Speer kann selten tief eingedrungen sein, vor allem, wenn das Tier weglief, und das galt sogar für ein junges Reh, ganz zu schweigen von einem dickhäutigen großen Auerochsen. Durch die Erfindung der Speerschleuder jedoch machten die Cro-Magnon-Jäger die Lanze zu einer brauchbaren Waffe, mit der sie Tiere nun auch aus größerer Entfernung töten konnten.

Das älteste greifbare Zeugnis dieses stabartigen Hilfsgerätes stammt aus der Höhle von La Placard in Frankreich und ist etwa 14000 Jahre alt. Hier wurden verschiedene Fragmente von Speerschleudern gefunden, darunter

Die Herstellung eines Messers

Oben: Um ein Messer mit einem stumpfen Rücken anzufertigen, schlägt Tixier eine der scharfen Klingenschneiden stumpf, damit man das Messer beim Arbeiten auch fest und sicher in der Hand halten kann. Mitte: Tixier beklopft die Klinge leicht mit dem Geweihhammer. So kontrolliert er seine Arbeit und kann eventuelle scharfe Kanten abschlagen, bis ein gerader stumpfer Rücken stehenbleibt. Unten: Tixier hält das Messer zwischen Daumen und Zeigefinger und drückt fest auf den Messerrücken, um von einer Wildkeule einen Fleischstreifen abzuschneiden. Diese Messer sind scharf wie Stahlmesser *(s. a. S. 71, 72, 73).*

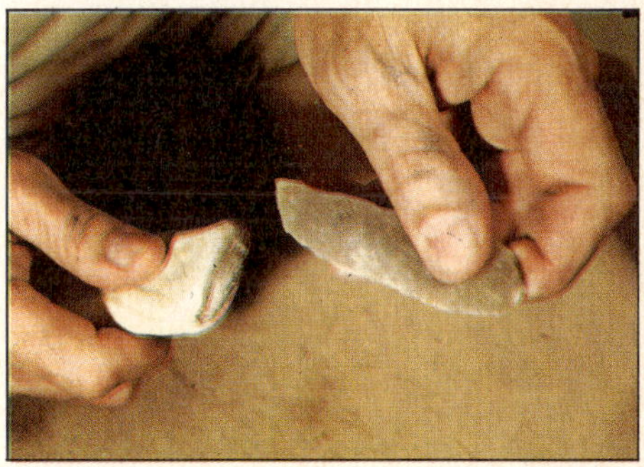

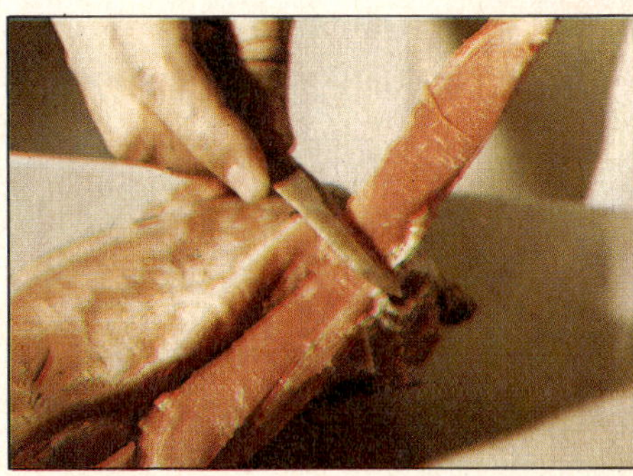

auch ein langer Knochen mit einem Haken am Ende, der einer übergroßen Häkelnadel außerordentlich ähnlich sieht. Im Südwesten Frankreichs und in der Nähe des Bodensees hat man insgesamt mehr als 70 Propulsoren aus Rentiergeweih gefunden, aber seltsamerweise sind in anderen Teilen Europas kaum welche nachgewiesen worden, vielleicht weil sie aus Holz waren und deshalb verrotteten. Schon vor etwa 10000 Jahren kannten die Indianer in Nord- und Südamerika die Speerschleuder, die die Azteken «Atlatl» nannten. Bis vor kurzem wurde sie noch von den Eskimos benutzt, und die Ureinwohner Australiens verwenden sie noch heute und nennen sie «Womera».

Ganz einfach ausgedrückt ist die Speerschleuder eine Verlängerung des menschlichen Arms. Sie ist 30 bis 60 cm lang und hat an einem Ende einen Griff und am anderen eine Nut oder einen Haken, in den das stumpfe Ende des Speers eingelegt wird. Der Jäger hält die Schleuder mit dem Haken nach oben über die Schulter und legt den Speer so hinein, daß die Spitze nach vorn und gleichzeitig leicht nach oben zeigt. Beim Schleudern schwingt er den Arm in weitem Boden nach vorn und verleiht der Lanze durch das Vorschnellen des Handgelenks beträchtliche Geschwindigkeit, wenn er sie vom Ende des Gerätes wegschleudert und die dabei entstehende Zentrifugalkraft nutzt. Der Jäger hält die Schleuder fest, vielleicht mit Hilfe einer am unteren Ende befestigten Schlaufe, die er vorher um sein Handgelenk gelegt hat. Der mit dem Gerät geschleuderte Speer fliegt kraftvoller als ein mit der Hand geschleuderter, denn durch die Verlängerung des Arms entsteht eine größere Hebelkraft. Das äußere Ende der Schleuder – und damit auch der Speer – bewegt sich schneller als die Hand, die die Schleuder hält.

Jüngst hat man Versuche mit einer Speerschleuder gemacht und ihren großen Nutzen nachgewiesen. Ein etwas über 2 m langer Speer läßt sich mit der Hand zwischen 55 und 65 m weit schleudern, doch mit einer Schleuder erreicht man bis zu 135 m und kann aus einer Entfernung von 30 m noch ein Tier töten. Dieser größere Abstand bedeutete für den frühen Jäger einen ungeheuren Vorteil. Es war nicht mehr nötig, daß er dicht an seine Beute herankam, außerdem konnte er auf die Tiere zielen, ehe sie in panischer Furcht davonliefen. Wenn es sich ergab, konnte jetzt sogar ein Mann allein auf die Jagd gehen und war nicht mehr auf die Gruppe angewiesen, denn man brauchte das Tier nicht mehr einzukreisen, um es mit der Lanze erlegen zu können. Und natürlich wurde durch die Speerschleuder die Jagd auch sicherer, denn die Jäger brauchten sich nicht mehr so dicht an gefährliche Zähne, Geweihe und Hufe heranzuwagen. Die Vorteile lagen auf der Hand: Jäger, die mehr Tiere erlegten und selber seltener verletzt wurden, lebten besser und auch länger.

Die ersten Speerschleudern waren zweifellos aus Holz, wie die australischen Womera heute noch, aber bald wurden sie auch aus Geweihen angefertigt. Die jüngeren Cro-Magnon-Menschen aus dem Magdalénien verzierten viele ihrer Schleudern mit geschnitzten Figuren und Ornamenten und haben sie vielleicht sogar bunt angemalt. Bei einem hat man in der Vertiefung Reste von rotem Ocker ausmachen können, und bei anderen waren die Augen einer Verzierungsfigur schwarz ausgemalt. Auf manchen sind schöne Tierdarstellungen zu erkennen, Pferde, Rotwild, Steinböcke, Wisente, Vögel, Fische und anderes mehr. Hier wurde das Schöne mit dem Nützlichen verbunden, wie wir es wiederholt im Leben des Cro-Magnon-Menschen finden.

Andere praktische Neuerungen betrafen die Waffe selbst. Die Jäger hatten inzwischen erkannt, daß eine gezahnte Spitze sehr viel wirksamer ist als eine glatte. Die harpunenartigen Spitzen, die man aus Knochen oder Geweihen anfertigte, hatten oft an einer oder beiden Seiten mehrere Widerhaken. Es war schwierig, ein Tier mit einem einzigen Speer auf der Stelle tödlich zu treffen. Also mußten die Jäger es eine Zeitlang verfolgen, bis es durch den Blutverlust so geschwächt war, daß die Männer es töten konnten. Um diesen Vorgang zu beschleunigen, ritzten einige Jäger in ihre knöchernen Speerspitzen beidseitig Rillen ein, durch die offensichtlich mehr Blut aus der Wunde des verletzten Tieres fließen sollte.

Lochstäbe. Ein anderer Gegenstand, der vielleicht eine Beziehung zur Jagd hatte, ist der sogenannte Kommandostab, der *bâton de commandement*. Diese seltsamen Stäbe aus Geweih oder Knochen sind unterschiedlich lang, doch selten länger als 30 cm. Sie haben gewöhnlich die Form eines Y oder T, und bei allen ist an der Stelle der Gabelung oder dicht unterhalb des T ein Loch hineingebohrt. Im Gegensatz zu den Speerspitzen und Harpunen, die zweifellos todbringende Waffen waren, ist die Funktion dieser Lochstäbe sehr umstritten.

Viele Archäologen sind der Ansicht, daß die Lochstäbe vor allem eine rituelle Bedeutung hatten und ähnlich wie die Zepter die Macht und das Ansehen derjenigen symbolisierten, die berechtigt waren, sie zu tragen. In der Form sind sie manchmal phallisch. Vielleicht schrieb man ihnen auch eine Art magischer Kraft zu. Eine prosaischere Erklärung lieferten andere Archäologen, die meinten, mit den Lochstäben hätten die Jäger Pfeile begradigt. Wenn ein verbogener Pfeil durch das Loch gesteckt und an beiden Enden festgehalten wird, kann der Stab als Hebel dienen, um den Pfeil zu begradigen – vor allem, wenn man ihn vorher über Dampf oder durch Einweichen biegsam gemacht hat. Wieder eine andere Erklärung wäre, daß auch die Lochstäbe bei der Jagd verwandt wurden, und zwar als Griffe für Tragriemen aus Leder, die durch das Loch geführt und dann zusammengeknotet wurden. Es sind noch verschiedene andere Erklärungen für diese Stäbe angeboten worden, banale – Zeltpflöcke – und ironische. Doch des Rätsels Lösung hat man nicht gefunden.

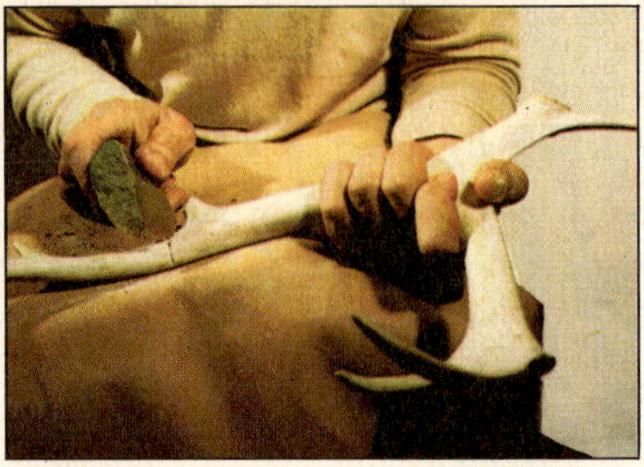

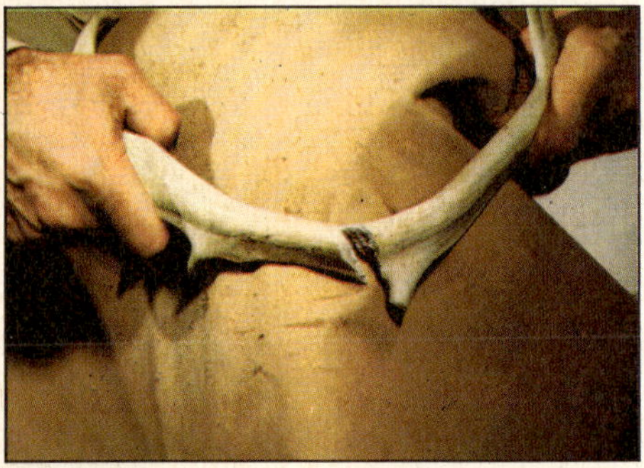

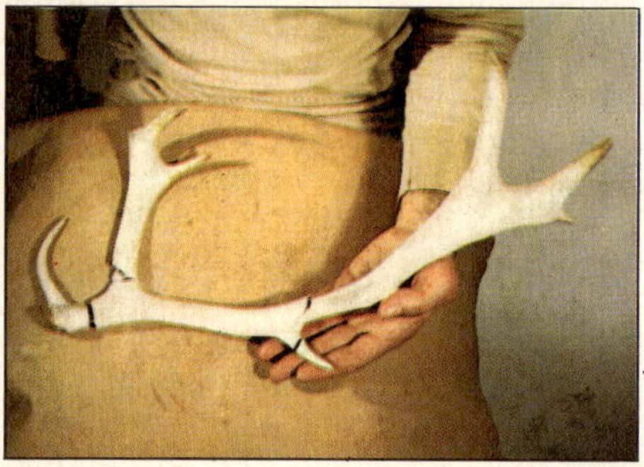

Oben: Mit der scharfen Kante eines groben Splitters eines Feuersteinknollens ritzt Tixier eine tiefe Kerbe um einen Ast des Geweihs, das er vorher in Wasser eingeweicht hatte. Mitte: Tixier bricht den Ast ab. An vier Stellen des Geweihs wird er dieses Verfahren des Einkerbens und Abbrechens wiederholen, um die eigentliche Form eines Lochstabes der Cro-Magnon-Zeit zu erlangen. Unten: Um zu zeigen, welchen Abschnitt des Geweihs er für den Stab verwendet hat, fügt Tixier die vier abgebrochenen Teile nochmals aneinander. Jetzt bohrt er nur noch ein Loch in eines der gabelförmigen Enden.

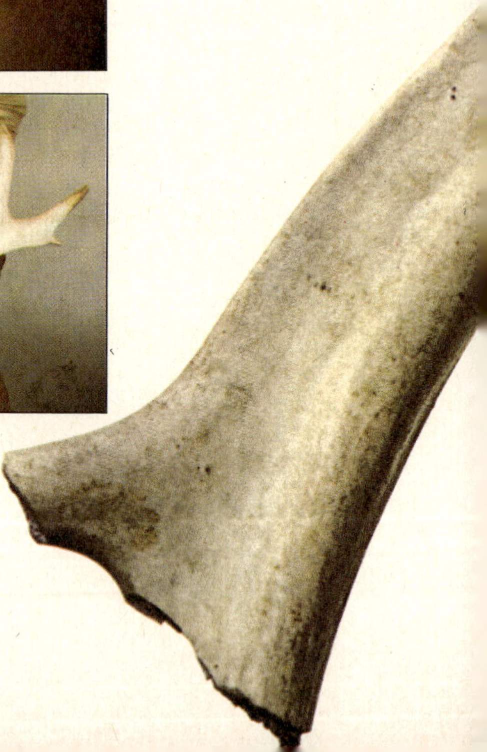

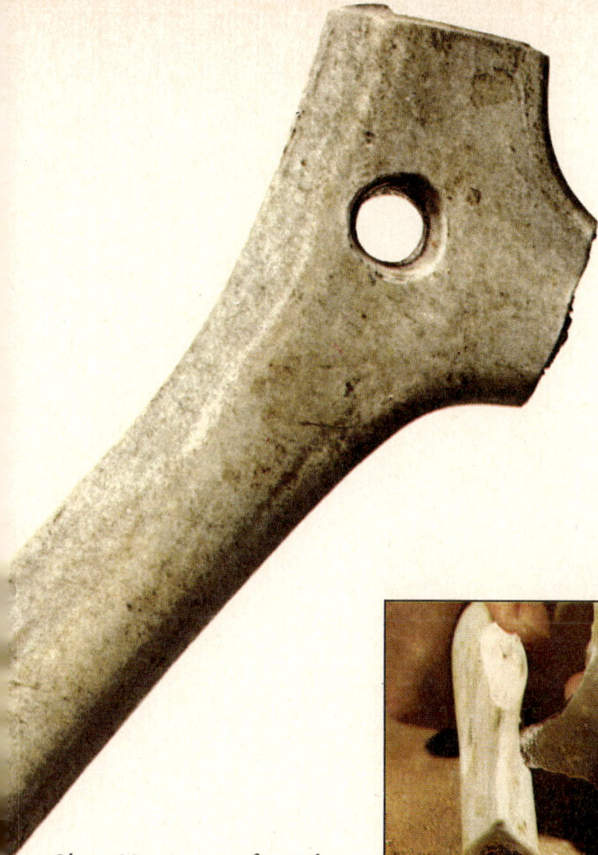

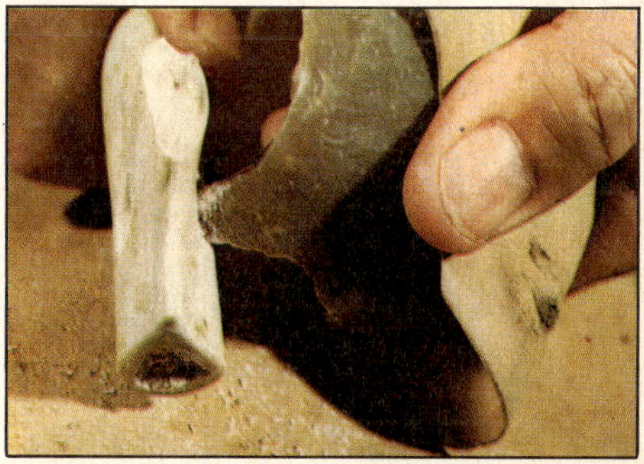

Oben: Mit einem großen Bohrer, der ebenfalls aus einem der Knollensplitter entstand, beginnt Tixier, ein Loch zu bohren. Das Loch befindet sich immer an der gleichen Stelle zwischen zwei Geweihenden. Unten: Tixier bohrt jetzt von der anderen Seite, bis das Loch fertig ist. Im Gegensatz zu Knochen ist ein Geweih auch in der Mitte hart. Tixier legt ein Stück Leder um den Bohrer, um seine Hand zu schützen.
Der oben abgebildete «Kommandostab» ist fertig und entspricht genau den in Frankreich gefundenen, 12 000 Jahre alten Lochstäben (s. a. Text S. 83 «Lochstäbe»).

Pfeil und Bogen? Unklar ist auch, ob der Cro-Magnon-Mensch Pfeil und Bogen kannte. Es gibt keinen schlüssigen archäologischen Beweis dafür, daß er eine solche Waffe benutzte, bis bestenfalls ganz gegen Ende seiner Existenz. Da Bögen normalerweise aus Holz und Sehnen aus Darm bestehen, wäre es allerdings ein glücklicher Zufall, wenn ein solcher die letzte Eiszeit überdauert hätte. In Dänemark hat man ein paar Bögen gefunden, die annähernd 8000 Jahre alt sind, und in den Lagern der Rentierjäger in Norddeutschland wurden mehrere Holzpfeile mit Steinspitzen ausgegraben, die vielleicht 10000 Jahre alt sind. In einer Höhle in La Colombière in Frankreich hat man kleine, vielleicht 20000 Jahre alte Steine entdeckt, auf denen Bilder eingeritzt sind, die möglicherweise Wurfwaffen mit Federn darstellen. Ob es sich dabei allerdings um Pfeile oder kleine Speere handelt, ist ungewiß.

Fest steht jedoch, daß der Cro-Magnon-Mensch intelligent und einfallsreich genug war, um den Bogen erfinden zu können. Er wußte, daß Schößlinge sich biegen lassen und zurückschnellen, wenn sie wieder losgelassen werden. Er kannte Lederriemen und wußte höchstwahrscheinlich auch, daß getrocknete Därme und Sehnen von Tieren haltbare und elastische Saiten abgeben. Viele Archäologen, die von diesen Voraussetzungen ausgehen, neigen heutzutage zu der Annahme, daß einige Cro-Magnon-Jäger schon 10000 Jahre vor Christi Geburt den Bogen kannten, obwohl es dafür keine greifbaren Beweise gibt.

Hätte der Cro-Magnon-Mensch den Bogen gehabt, dann wäre er bei der Jagd ganz gewiß sehr im Vorteil gewesen. Die Speerschleuder war ohne Frage eine wertvolle Hilfe für ihn, doch mit ihr mußte er aus der Deckung herausgehen und sich so hinstellen, daß er leicht von seiner Beute erspäht werden konnte. Ein unglücklich gezielter Wurf hätte das Tier sofort verjagt. Aber mit dem Bogen konnte er in seinem Versteck bleiben. Wenn ein Pfeil nicht traf, konnte er einen neuen hinterherschicken. Außerdem war der Pfeil schneller als der Speer, und man konnte mit ihm auch bei größerem Abstand mehr ausrichten. Der Pfeil erlaubte es dem Jäger, auf ein davongelaufenes Opfer sowie auf eine Menge großer und kleiner Tiere zu schießen, unter anderem auf Vögel im Flug, und die Chance, sie zu treffen, war sehr viel größer.

Fischfanggeräte und -methoden. Mehr noch als die Erfindung der Speerschleuder und des Bogens mag die verbesserte Ausrüstung für den Fischfang dazu beigetragen haben, daß die Kost des Cro-Magnon-Menschen abwechslungsreicher wurde und er in verschiedenen Umgebungen leben konnte. Schon früher hatten sich die Menschen Nahrung aus den Flüssen und dem Meer geholt, aber manche Cro-Magnon-Menschen lebten fast ausschließlich vom Fischfang. Die von den Jägern und Sammlern in der Nelson Bay-Höhle in Südafrika hinterlassenen Zeugnisse beweisen, daß hier eine verbesserte Technologie von lebenswichtiger Bedeutung war.

Eine geniale Erfindung war der Fischspeer, ein Dreizack mit einer spitzen und zwei gebogenen Zinken aus Knochen, der den Fisch festhielt, wenn er aufgespießt worden war. Eine andere wichtige Errungenschaft war der feste Fischköder: ein kleiner Knochen- oder Holzsplitter von etwa fünf Zentimeter Länge, an dem in der Mitte eine Leine aus Leder oder Sehnen befestigt war. Der Fischer ließ die Leine mit dem Köder ins Wasser fallen, und wenn der Fisch den Köder herunterzuschlucken versuchte, blieb er ihm quer in der Kehle stecken und rutschte weder vor noch zurück. Jetzt brauchte der Angler nur noch seinen Fang aus dem Wasser zu ziehen.

Nur wenig später begannen die Menschen in Südafrika und vielleicht auch in Europa, Fisch in größeren Mengen als je zuvor zu jagen. Kleine, zylindrisch geformte Steine mit Rillen, wie man sie in Südafrika gefunden hat, dienten vielleicht als Gewichte für die aus Lederriemen oder pflanzlichen Fasern geknüpften Netze. Mit einem Netz konnten zwei oder drei Fischer einen ganzen Schwarm Fische auf einmal fangen.

Wahrscheinlich kannte man auch schon Steinpferche, wie sie heute noch primitive Völker verwenden. Sie müßten sich besonders in Flüssen wie der Dordogne und der Vézère in Frankreich bewährt haben, wo Lachse in großer Zahl zur Laichzeit stromaufwärts schwammen. Wahrscheinlich zog man zu dieser Zeit in Gruppen zu den Fischgründen, die vielleicht Kilometer von der Siedlung entfernt lagen, und deckte den ganzen Stamm mit einem Vorrat an Lachs ein. Möglicherweise wurden die Fische gleich an Ort und Stelle gesäubert, an der Luft getrocknet oder sogar geräuchert und dann erst zum Lager gebracht. In Solvieux in Frankreich hat man ein großes, sorgfältig mit kleinen Steinen gepflastertes Rechteck freigelegt, dessen Lage und Form darauf schließen lassen, daß es sich dabei um eine Plattform handelt, auf der Fische getrocknet wurden.

Überall auf der Welt holte man sich jetzt systematisch die eiweißreiche Nahrung aus den Gewässern, und zwar nicht nur Fische, sondern auch Schaltiere in großen Mengen. Ein Fachmann auf dem Gebiet der physischen Anthropologie wies darauf hin, daß dadurch nicht nur die Kost des Menschen abwechslungsreicher wurde, sondern daß er dadurch auch seinem nächsten großen Schritt im Zivilisationsprozeß näher kam, nämlich dem Schritt zum seßhaften Leben. Indem die Cro-Magnon-Menschen außer ihrer üblichen Fleisch- und Pflanzenkost regelmäßig Fisch und Schaltiere zu sich nahmen, brauchten sie nicht mehr so viel herumzuziehen, um Nahrung zu finden. Mit Netzen konnten sie bei weniger Aufwand mehr Nahrung herbeischaffen, als es ihnen möglich gewesen wäre, wenn sie als Jäger und Sammler umhergestreift wären – und so konnten sie eine größere Anzahl von Menschen an einem festen Ort ernähren. In einer Welt mit einem so schnellen Bevölkerungszuwachs war die Entwicklung zum seßhaften Leben unumgänglich.

Kleidung. Die Menschen der letzten Eiszeit beschäftigten sich hauptsächlich damit, ihre Werkzeuge und die Techniken ihrer Nahrungsbeschaffenheit zu vervollkommnen, doch sie kümmerten sich auch um andere Belange. Sie lernten nicht nur, sich reichlicher von dem verschwenderischen Angebot der Natur zu bedienen, sondern sie fanden auch Wege, sich wirksam gegen die Unbilden der Natur zu schützen. Ihre sorgfältig genähten und auf den Körper zugeschnittenen Kleider versetzten sie in die Lage, den hohen Norden zu erobern und schließlich sogar in den unberührten nordamerikanischen Kontinent vorzudringen.

Sie kleideten sich wahrscheinlich in Felle, wie es die Eskimos noch bis vor kurzem taten. Ein Überkleid oder Überzieher mit festen Nähten, damit die Wärme nicht entweichen konnte, Hosen, die sich leicht in Stiefel stecken ließen, und eine Art Socke, vielleicht aus Pelz, müßten im allgemeinen ausgereicht haben. An eisigkalten Tagen trugen sie im Freien eine Parka mit Kapuze, Fäustlinge und hohe Stiefel, um nicht zu erfrieren. In Rußland hat man Steinzeitfigurinen gefunden, die offenbar Frauen in Pelzkleidung darstellen. Selbst in gemäßigterem Klima war gut genähte Kleidung von Vorteil, und die bisher ältesten Nadeln mit Öhr stammten von denselben geschickten Handwerkern des Solutréen, die auch die Lorbeerblattspitzen herstellten.

Für die Menschen, die im rauhen Klima des Nordens lebten, war das Feuer ebenso wichtig wie warme Kleidung.

«Feuerzeuge» und Öfen. Seit der Zeit des *Homo erectus* hatten die Menschen das Feuer zur Nahrungsbereitung, als Licht- und Wärmequelle und zur Abschreckung gefährlicher Tiere benutzt. Doch die Cro-Magnon-Menschen lernten, es noch vielseitiger zu verwenden. Zunächst einmal waren sie nachweislich die ersten, die schnell ein Feuer entfachen konnten, wann immer sie es brauchten. In einer Höhle in Belgien entdeckte man ein wunderschön abgerundetes Stück Schwefelkies. Dieses Mineral ist einer der wenigen natürlichen Stoffe, der so starke Funken sprüht, wenn man ihn mit Feuersteinen bearbeitet, daß trockener Zunder in Flammen aufgeht. Das ist nicht der Fall, wenn man zwei Feuersteine oder gewöhnliche Steine aufeinanderschlägt, denn der dabei entstehende Funke reicht nicht aus. Außerdem weist der belgische Schwefelkies eine Rille auf, man hat ihn also immer wieder neu mit einem Stück Feuerstein bearbeitet. Da Schwefelkies nicht ohne weiteres und keineswegs überall zu finden war, stellt ein solcher Stein zum Feuermachen ohne Zweifel einen ziemlich wertvollen Besitz dar, den die Gruppe immer mitnahm, wenn sie weiterzog.

Ein noch aufregenderes Beispiel dafür, daß der Cro-Magnon-Mensch das Feuer immer besser zu nutzen wußte, hat man an Fundplätzen in der Sowjetunion und in Frankreich entdeckt. Der erste Eindruck ist ziemlich prosaisch: Man erblickt zunächst eine Reihe flacher Rinnen im Boden der

Diese 12000 Jahre alte Scherbe, die in einer Höhle im Süden Japans gefunden wurde, soll das älteste Fragment eines Tongefäßes sein. Die wellenförmige Dekoration wurde wahrscheinlich durch das Anfügen von Tonstreifen vor dem Brennen erzielt. Wozu das Gefäß diente, ist nicht bekannt, da weder die hier abgebildete noch die anderen in der Nähe gefundenen Scherben über seine ursprüngliche Form Auskunft geben.

Zum Bild auf den folgenden Seiten:
Mit Federn, Fellresten, Moos und zerkauten Zweigen als Pinsel, Blasrohren aus Schilf oder Knochen und Erdfarben – lauter Werkzeuge und Materialien aus der Natur – malte der Cro-Magnon-Mensch die Tiere, die er kannte und von denen er sich ernährte und kleidete. Abbildung: Hirschkuh, gemalt an die Decke der Höhle von Altamira (Spanien).

Feuerstelle, von der ein gewundener Kanal schwanzförmig wegführt. Eine so simple Neuerung hat man vielleicht früher häufig bei archäologischen Ausgrabungen übersehen. Tatsächlich ist dies aber der erste kleine Schritt in Richtung auf die Hochöfen moderner Stahlwerke. Je mehr Luft, das heißt Sauerstoff, ein Feuer bekommt, desto mehr Hitze entwickelt es. Durch die Rinnen und Kanäle an diesen prähistorischen Feuerstellen kam mehr Luft an das Brennmaterial, und dadurch wurde mehr Hitze frei.

Die frühen Bewohner Rußlands brauchten diese Spezialfeuerstellen wegen des Brennmaterials, das sie benutzten. In einem Gebiet, in dem Holz knapp war, mußten sie auf Feuerungsmaterial zurückgreifen, das normalerweise nicht so gut brannte. Ihr Bedarf wurde durch Knochen gedeckt, dasselbe Wundermaterial, das auch die Werkzeugherstellung so umwälzend verändert hatte. Wenn Knochen auch schwer Feuer fangen und nicht gut brennen, da sie nur zu 25 % aus brennbaren Stoffen bestehen, so geben sie doch genügend Hitze ab. Daß die Bewohner Rußlands Knochen verbrannten, sieht man daran, daß sie sich in ihren Feuerstellen mit der speziellen Luftzufuhr kein verkohltes Holz, sondern Knochenasche in beträchtlichen Mengen fand.

Der Herd war gleichbedeutend mit dem Zuhause, und der Cro-Magnon-Mensch, der so viele Neuerungen schuf, führte auch hier eine Wandlung herbei. Er scheint die Höhlen und Felsüberhänge, in denen bereits seine Vorfahren gelebt hatten, zumindest an einigen Stellen sauberer gehalten zu haben als die Bewohner vor ihm. Der Abfallhaufen wurde von drinnen nach draußen verbrannt.

Eine Siedlung vor 27000 Jahren. In Gegenden, in denen es keine natürlichen Unterkünfte gab, zeigte es sich besonders deutlich, daß der Cro-Magnon-Mensch um ein besser ausgerüstetes Heim bemüht war. Vor allem in Mittel- und Osteuropa und in Sibirien hat man auf offenem Gelände die Reste von so manchen stabilen Domizilen gefunden. Sie wurden anscheinend nicht ständig bewohnt. Einer der bekanntesten Orte ist Dolní Věstonice (Unter-Wisternitz) in der ČSSR, wo schon in prähistorischen Zeiten Menschen gelebt haben. Aus den verschütteten Überresten läßt sich rekonstruieren, wie das Alltagsleben der Menschen in Europa vor 27000 Jahren ausgesehen hat:

Auf einem Grashügel mit ein paar vereinzelten Bäumen befand sich eine Siedlung, die aus fünf Hütten bestand. Teilweise war sie von einem einfachen Zaun aus Mammutstoßzähnen und Knochen umgeben, die man in die Erde gestoßen und mit Buschwerk und Torf aufgeschüttet hatte. Eine Hütte stand gut 80 m von den anderen entfernt. Die vier dicht beieinanderstehenden Hütten waren durch an Zeltstangen erinnernde Holzpfosten abgestützt, die sich leicht zur Mitte neigten. An der Stelle, wo die Pfosten in die Erde gerammt waren, lagen Steine, um dem Ganzen mehr Halt zu geben. Die

Wände bestanden aus Tierhäuten, die man wahrscheinlich gerbte und zusammennähte, über die Pfosten zog und mit Steinen und schweren Knochen im Boden verankerte.

Ein kleiner Bach schlängelte sich dicht bei den Hütten den Hang hinunter, und die Generationen von Menschen, die hier lebten, hatten das Erdreich an dieser Stelle festgetreten. Auf einem offenen Platz zwischen den Hütten brannte ein großes Feuer. Sehr wahrscheinlich wurde es von jemandem bewacht, der hin und wieder Knochenstücke hineinwarf, damit es nicht ausging. Offenbar brannte es die ganze Zeit, um herumstreichende Tiere von der Siedlung fernzuhalten.

In der größten Hütte, die etwa 15 m lang und 6 m breit war, hatte man fünf flache Feuerstellen aus dem Boden ausgehoben. Bei einer waren zwei lange Mammutknochen in den Boden gerammt, auf die man den Bratspieß legen konnte. Es fällt einem nicht schwer, sich in dieser relativ komfortablen Umgebung einen Mann vorzustellen, der auf einem Stein sitzt und mit wohldurchdachten, nur scheinbar langsamen Bewegungen Werkzeuge fertigt. Er schlägt mit dem Knochenhammer von einem zylindrisch geformten Feuersteinbrocken, dem Kern, dünne Klingen ab. Vielleicht lauscht er inzwischen den Tönen aus einer hinteren Ecke der Hütte, die an den Ruf eines Vogels erinnern, aber von einer Frau produziert werden, die in das Ende eines hohlen Knochens bläst, der mit zwei oder drei Löchern versehen ist: In Dolní Věstonice hat man ein derartiges, 25 000 Jahre altes Blasinstrument gefunden.

Kunsthandwerker. Aber die erstaunlichste Entdeckung, die man an dieser Fundstelle in der ČSSR gemacht hat, sind die Reste der kleinen Hütte, die abseits von den anderen etwas höher am Hang stand. Die Hütte war in den Berg hineingebaut, der ihre Rückwand bildete. Die Seiten bestanden zum Teil aus niedrigen Mauern aus Stein und Lehm, und der Eingang war dem Tal zugewandt.

Im Innern hätte der Besucher eine Feuerstelle vorgefunden, die sich von denen in den anderen Hütten deutlich unterschied, denn hier wölbte sich eine Kuppel aus Ton über kräftig glühenden Kohlen. Es handelte sich um einen Ofen zum Brennen von Ton, einen der ersten Brennöfen überhaupt. Selbst zu dieser frühen Zeit wurde das Rohmaterial besonders präpariert, ehe es im Ofen gebrannt wurde. Man nahm nicht einfach Schlamm vom Ufer eines Baches, sondern mischte Knochenmehl unter die Erde, damit sich die Hitze besser verteilte, während der Ton in dem Ofen zu einem neuen, steinharten Material gebrannt wurde. Hier haben wir zum erstenmal in der Geschichte der Technologie ein Beispiel für das Verfahren, dem man später überall wiederbegegnen sollte: Zwei oder mehrere unterschiedliche Substanzen werden miteinander gemischt und gründlich behandelt, damit daraus ein neues brauchbares Produkt entsteht, das mit keinem seiner ur-

Die Cro-Magnon-Künstler bleiben anonym, einer «Signierung» am nächsten kommen vielleicht noch die gelegentlich zu findenden Handabdrücke auf Höhlenwänden und -decken, bei denen die Umrisse der Finger mit Farbe nachgezogen wurden. Abbildung: Cro-Magnon-Wandmalerei in der Höhle von Lascaux (Frankreich).

sprünglichen Bestandteile irgendwelche Ähnlichkeit hat. Glas, Bronze, Stahl, Nylon und fast alle anderen Materialien unseres täglichen Lebens sind irgendwann einmal auf diese Weise entdeckt worden. Aber es sollte noch rund 15000 Jahre dauern, bis andere Menschen, die im heutigen Japan lebten, die ersten Gefäße aus Ton herstellten. Doch wie der Brennofen aus Dolní Věstonice deutlich beweist, war die Keramik bereits erfunden.

Als man 1951 die ersten Nachforschungen in der Hütte mit dem Brennofen anstellte, fand man auf dem rußigen Fußboden Bruchstücke von Keramikfiguren verstreut herumliegen. Es handelte sich um die Köpfe von Tieren wie Bären, Füchse und Löwen. An einem besonders schönen Löwenkopf war ein Loch zu sehen, das eine Wunde darstellen sollte – vielleicht sollte diese Magie den Jägern helfen, einem wirklichen Löwen die gleiche Wunde zuzufügen.

Der Boden war außerdem mit Hunderten von Tonkügelchen übersät, die die Fingerabdrücke des vorgeschichtlichen Handwerkers aufwiesen. Wahrscheinlich hatte er die Tonkügelchen von seinem Klumpen Ton abgezupft, als er anfing, diesen nach seinem Wunsch zu kneten und zu formen. Und es lagen Teile herum, die von kleinen Tier- und Menschenfiguren abgebrochen waren. Vielleicht sind sie beim Brennen abgesprungen oder die Figuren zerbrachen, wenn der frühe Keramiker sie fortwarf, weil er mit seiner Arbeit nicht zufrieden war.

Doch interessanter als alle Abfallprodukte, ja sogar als die unversehrten Tierfiguren sind die Statuetten von Menschen, insbesondere die Frauenfiguren, die sich ebenfalls auf dem Boden der Hütte fanden. Im Gegensatz zu den Tieren sind sie nicht naturalistisch, sondern beinahe surreal dargestellt. Sie haben große Brüste und Hinterteile, unförmige Arme und Beine, die spitz zulaufen. Den Sachverständigen sind diese sogenannten Venusfiguren noch immer ein Rätsel. Waren sie Hausgöttinnen, deren spitz zulaufende Beine man in die Erde steckte, damit sie aufrecht standen, wenn sie Heim und Herd bewachten? Waren sie Fruchtbarkeitssymbole, die mit ihren ausladenden Figuren die Fruchtbarkeit steigern sollten? Gewiß sind sie trotz ihrer verzerrten Proportionen als schöne Kunstwerke zu bezeichnen. In ihrer Grazie und Würde und in ihrer stilisierten Plastizität sind sie mit einigen modernen Skulpturen vergleichbar.

Und der Mann, der sie schuf, war ein einfacher Handwerker – oder war er ein Künstler? Sicher ist nur, daß Kunst und Handwerk jetzt eng miteinander verschmolzen waren, und dies muß man als eine der glänzendsten Errungenschaften des Cro-Magnon-Menschen ansehen.

4. Prähistorische Kunst

Die Geschichte beginnt 1868 in Spanien in der hügeligen Landschaft, die von der Hafenstadt Santander an der Atlantikküste ungefähr 25 km entfernt im Landesinneren liegt. Bei einer Fuchsjagd wurde ein Hund zwischen Felsbrocken eingeklemmt, und als der Jäger ein paar Steine zur Seite schob, um ihn zu befreien, sah er, daß diese die Öffnung zu einer alten Höhle verschüttet hatten.

Zufällig befand sich die Höhle auf dem Grundstück der Sommerresidenz des spanischen Adligen und Amateurarchäologen Marcelino de Sautuola. Als dieser sich schließlich in der Vorhöhle einmal genauer umschaute, fand er eine Reihe von Knochen, die zu Tieren der Vorzeit, wie dem Wisent, dem *Megaceros* (einem großen, inzwischen ausgestorbenen Elch) und dem primitiven Pferd gehörten, aber sie waren keineswegs besonders selten. Erst im Jahre 1878, als Sautuola die Weltausstellung in Paris besuchte und sich dort in den Schaukästen die Werkzeuge und gravierten Knochen der Eiszeit anschaute, wurde ihm klar, daß er vielleicht einen ähnlichen Schatz auf seinem Grundstück hatte. Die Art, wie er weiter vorging, war sehr geschickt. Er zog einen bekannten französischen Archäologen, Edouard Piette, zu Rate und ließ sich von ihm über die Eiszeit, ihre Zivilisationsstadien, ihre Steinwerkzeuge und Tierzeichnungen unterrichten.

Altamira. Nun hatte Sautuola eine Vorstellung, wonach er zu suchen hatte. Er eilte nach Spanien zurück, öffnete die Höhle und begann, im Inneren zu graben. Verglichen mit ähnlichen vorgeschichtlichen Höhlen, ist die Höhle von Altamira bei Santander von mittlerer Größe, insgesamt 275 m tief. Hinter einer kleinen engen Vorhöhle weitet sie sich aus in eine Zickzack-Kette mit drei Gängen, von denen seitlich mehrere Nebengänge abgehen, und verjüngt sich dann zu einem sehr schmalen, gewundenen Korridor von einer Länge von etwa 50 m. Sautuola, der auf allen vieren arbeitete, grub in der Nähe des Eingangs eine Reihe von Steinwerkzeugen aus. Aber bei diesen ersten Forschungsarbeiten blickte er einfach in die falsche Richtung.

Die Venus von Laussel, die vor 22 000 Jahren in einen Kalksteinblock geritzt wurde, ist eine der Frauenfiguren, die von den Künstlern der Cro-Magnon-Zeit vielleicht als Symbol für die Fruchtbarkeit häufig dargestellt worden sind. In ihrer rechten Hand hält sie das Horn eines Tieres (wahrscheinlich ein Wisenthorn) – möglicherweise ein Hinweis auf ein Ritual.

Dieser Fehler wurde von seiner Tochter korrigiert. Im Jahre 1879 begleitete die zwölfjährige Maria ihren Vater eines Tages in die Höhle und stieß bis in eine etwa 25 m vom Eingang entfernte Kammer vor, die nicht viel mehr war als ein 1,35 bis 1,50 m hoher Stollen. Ihr Vater war schon einmal bis hierhergekrochen, um nach Artefakten zu graben, aber Maria war klein genug, um sich auch umschauen zu können. In dem schwachen Licht ihrer Laterne sah sie an der Decke eine Herde roter Tiere. Sie lief zu ihrem Vater zurück und berichtete ihm aufgeregt von ihrer Entdeckung.

Sautuola bückte sich, um in die Kammer eindringen zu können, und richtete dann seinen Blick nach oben, wo er ein Rudel von 25 gemalten Tieren, vorwiegend Wisente, entdeckte. Wäre er ruhig genug gewesen, um sorgfältig zu zählen, dann hätte er außerdem noch zwei Pferde, einen Wolf, drei Hirschkühe und drei Eber ausmachen können. Einige waren lebensgroß oder sogar größer, und in dem flackernden Schein der Lampe schienen sie von Leben erfüllt. In ihren reichen Braun-, Rot-, Gelb- und Schwarztönen paßten sie sich manchmal der Form des Steins an. Der Künstler hatte sie absichtlich so gesetzt, daß er die natürlichen Konturen der Decke mit einbeziehen konnte. Ein runder Buckel zum Beispiel war auf eine Wölbung im Gestein gemalt und erzielte damit eine unheimlich realistische, dreidimensionale Wirkung.

Sautuola war sprachlos. Gewiß hatte man vorher schon ein paar Tierzeichnungen in einer französischen Höhle entdeckt, aber hier waren die ersten farbigen Steinzeitmalereien, die er oder irgendein anderer Forscher seiner Zeit je zu Gesicht bekommen hatten.

Sautuola eilte nach Madrid, um sich mit seinem Freund Juan Vilanova y Piera, einem Professor der Paläontologie an der Universität, zu beraten. Die Nachricht machte Vilanova neugierig, und er kam sofort, um sich die neue Entdeckung anzuschauen. Da er keinerlei Beweise dafür fand, daß die Höhle nach der späten Eiszeit noch einmal betreten worden war, schien es sicher, daß auch die Bilder nicht später gemalt worden waren. Sautuola schilderte die Entdeckung in einer Schrift, die er selbst herausgab. Das Bild der kleinen Maria kam in die Zeitung.

Die Höhle befindet sich unter einem alten Bauernhof, der sehr zutreffend Altamira (Hoher Ausblick) heißt, und ist von einem sanften Abhang auf einem hochgelegenen Wiesenstück aus zugänglich. Die unmittelbare Umgebung wirkt anheimelnd und vertraut. Aber im Süden ragt die Cordillera Cantabrica steil in den Himmel, und im Westen erheben sich die das ganze Jahr mit Schnee bedeckten Picos de Europa bis zu einer Höhe von mehr als 2400 m. Keiner weiß, ob Altamira in der Vorzeit je als ein heiliger Ort galt. Aber die schöne Lage läßt diese Annahme zu.

Originale oder Fälschungen? Die Entdeckung Altamiras machte auf die Wissenschaftler zunächst keinen Eindruck. Diejenigen, die an die vorge-

Von Geld ist die Rede, von wem noch?

«Die Sache mit den Steuerscheinen . . .

... ist in Sachsen so publik geworden, daß ich die bittersten Beschwerden entgegennehmen mußte. Derartige Dinge hinterlassen ihre Flecken ...» Mit so bösen Briefworten beschwerte der König sich bei seinem Gast, der mit sächsischen Wertpapieren illegale Spekulationsgeschäfte in Preußen getrieben hatte. Der Gast nahm solchen Tadel nicht krumm, denn derlei Ärger war er gewohnt: Geschäfte hart am Rande der Legalität waren ihm nicht fremd. Mit einem seiner Werke hatte er, als er noch jung war, in England dank einer geschickt gesteuerten Subskriptionsstrategie in kürzester Zeit eine – nach heutiger Kaufkraft – Millionensumme verdient. Wenig später erfuhr er von einer neu eingerichteten französischen Staatslotterie und entdeckte darin einen Rechenfehler: Wer sämtliche Lose kaufte, mußte mit Sicherheit eine Million Livres (mindestens fünf Millionen heutige Mark) Gewinn einstecken. Unser Mann steckte seine gesamten Londoner Honorare in das Geschäft, beteiligte, weil sein Geld nicht reichte, ein paar Freunde und kaufte die gesamte Lotterie auf. Den Gewinn freilich mußte er gerichtlich einklagen, da der französische Staat sich weigerte, das Geld herauszurücken.

Einen ähnlich halbseidenen Gewinn strich der Mann durch eine dubiose Aktienspekulation ein. Der Herzog von Lothringen hatte eine Aktiengesellschaft gegründet, den Erwerb der Aktien aber lothringischen Bürgern vorbehalten. Das wurmte unseren Mann, der kein Lothringer war. Da sein Familienname ähnlich klang wie der des bekannten lothringischen Großgrundbesitzers Haroue, gelang es ihm, Anteile der AG zu erwerben und in kurzer Zeit große Gewinne zu kassieren: «Ich habe mein Gold in wenigen Tagen verdreifacht.»

Als der Mann im Alter von 83 Jahren starb, hinterließ er ein – nach heutigem Wert – Multimillionenvermögen. Unter seinem Pseudonym ist er noch heute fast jedem bekannt. Von wem war die Rede?

(Alphabetische Lösung: 22–15–12–20–1–9–18–5)

schichtliche Existenz des Menschen glaubten, waren nicht bereit, ihm auch künstlerische Fähigkeiten zuzugestehen. Als Vilanova bei einem Fachkongreß, der im Jahre 1880 in Lissabon stattfand, Sautuolas Entdeckung publik machte, wurde seine Theorie von internationalen Wissenschaftlern aus Deutschland, Frankreich, Schweden, Norwegen und England als unhaltbar verworfen. Man war sich darüber einig, daß die Bildwerke keinesfalls mehr als 20 Jahre alt sein konnten. Ein sich für unfehlbar haltender spanischer Künstler behauptete, daß die Malereien «im Charakter nichts mit der Kunst der Steinzeit, des Altertums, der Assyrer oder Phönizier zu tun haben. Sie sind nur der Ausdruck eines mittelmäßigen Künstlers der modernen Schule.» Und die gemeinste Abfuhr erteilte ein französischer Experte, der zu berichten wußte, daß Sautuola seit Jahren einen geschickten Künstler auf seinem Besitz beherberge, womit er einen Mann meinte, der zur selben Zeit Reproduktionen der Höhlenkunst zur Veröffentlichung vorbereitete. Hier sei der Bösewicht, deutete der Professor an, der sich, mit Lampen und Farben ausgerüstet, in die alte Höhle geschlichen habe, um die angeblich alten Bilder zu malen. Die versammelten Gelehrten griffen diese lächerliche Erklärung nahezu begeistert auf, und Sautuola nahm schließlich Abstand von dem Versuch zu beweisen, daß es sich um echte Eiszeitkunst handle. Er ließ die Höhle schließen, und im Jahre 1888 starb er.

Die Verleumdungen, die Sautuola hinnehmen mußte, sind nicht zu entschuldigen, aber man muß auch zugeben, daß seine Kritiker einigen Grund hatten, skeptisch zu sein. Es mußte ihnen unglaublich erscheinen, daß Farben, die man angeblich in der Eiszeit aufgetragen hatte, noch so leuchtend und die Kalksteinwände, von denen man wußte, daß sie leicht zerbröckeln, unter der Farbe noch intakt sein sollten. Noch unglaublicher war, daß die Malereien mit einem Grad an Anmut und Stil ausgeführt waren, der völlig dem Bild widersprach, das sich das 19. Jahrhundert von den primitiven Menschen und ihrer barbarischen Lebensweise gemacht hatte. Die Wissenschaftler sahen einfach nicht, daß da zwischen den Wandgemälden von Altamira und den kleinen auf Knochen eingeritzten Tierfiguren, die man bereits der frühen Eiszeit zugerechnet hatte, sowohl vom Gegenstand als auch vom Sinn her grundsätzlich eine Ähnlichkeit bestand. Eine Studie über diese kleinen Figuren von dem französischen Paläontologen Edouard Lartet und dem englischen Archäologen Henry Christy war gerade veröffentlicht worden, und es ist erstaunlich, daß die Gelehrten fast die gleichen Figuren in größerer Ausführung nicht akzeptieren wollten. Die Höhle, die die berühmteste aller bemalten Höhlen werden sollte, mußte weitere zwanzig Jahre warten, bis sie «wiederentdeckt» wurde und der Glaube, den Marcelino de Sautuola in sie gesetzt hatte, seine Rechtfertigung fand.

Als die Echtheit der Höhlenmalereien schließlich akzeptiert wurde, war der Cro-Magnon-Mensch damit auch zum ersten Künstler arriviert. Bei seinen Zeichnungen und Malereien handelte es sich nicht nur um hübsch

Man hat etwa 60 Venusfiguren zwischen Frankreich und Sibirien gefunden, die alle, einschließlich der hier abgebildeten, vor 20000 bis 27000 Jahren entstanden und meist die gleiche Art der Formgebung hatten. Die Bedeutung der Venusfiguren ist umstritten, aber die meisten Wissenschaftler halten sie für Fruchtbarkeitssymbole. Linke Seite: Die Venus von Willendorf, die man in Österreich gefunden hat, ist aus Stein. Die Bänder über ihrer Brust deuten möglicherweise die Arme an. Oben links: Diese tschechische Tonfigur hat die typischen Formen einer Venus: schwere Brüste und einen runden Bauch, wenig ausgestaltete Arme und abgebrochene Beine, die aber wahrscheinlich nie Füße hatten. Oben rechts: Die Venus von Chiozza aus Italien läßt deutlich die ursprüngliche Form des Kalksteins erkennen, aus dem sie gearbeitet wurde. Ihr Becken ist nicht auffallend breit.

anzusehende Gebrauchsgegenstände, sondern um Kunstwerke, deren Sinn es war, betrachtet zu werden, wenn auch nur von den Künstlern selber; er hatte sie geschaffen, um einer inneren Vorstellung Ausdruck zu verleihen. Aber es war nicht so, daß der Cro-Magnon-Mensch die Kunst ganz und gar aus dem Nichts erfunden hätte. Die Ursprünge seiner künstlerischen Regungen waren gewiß älter als er.

Mindestens eine Million Jahre lang hat der frühe Mensch fast keinen Beweis seiner Kunst oder seines künstlerischen Empfindens hinterlassen. Aber ein leuchtender Quarzkristall, den man in den Chou-kou-tien-Höhlen in China gefunden hat, läßt darauf schließen, daß vielleicht schon *Homo erectus* vor 500000 Jahren solche Dinge aus ästhetischen und religiösen Gründen aufbewahrte. Und es ist nicht unwahrscheinlich, daß andere frühe Menschen sich mit Federn, Geweihen und Fellen schmückten und rhythmische Bewegungen zu Sprechgesängen ausführten – wobei, neben einer Reihe von Gründen, auch die Befriedigung eines ästhetischen Bedürfnisses eine Rolle spielte. Zur Zeit des Neandertalers entstanden Steinwaffen, die man absichtlich so symmetrisch formte, daß es dem Auge wohl tat. So ist es nur logisch anzunehmen, daß der Cro-Magnon-Mensch, als er damit anfing, seine Umwelt in Zeichnungen festzuhalten, bereits etwas über künstlerische Ausdrucksmöglichkeiten wußte und intuitiv ihre Gesetzmäßigkeiten und Grenzen erfaßte.

«Bewegliche Kleinkunst.» Die Cro-Magnon-Kunst ist in zwei wichtigen Kategorien aufgeteilt. Für die erste verwendet man gewöhnlich die französische Bezeichnung *art mobilier* (bewegliche Kleinkunst). Die zweite wird *art pariétal* genannt, und dabei handelt es sich um ortsfeste Kunst, d. h. um Kunstwerke auf einer nicht verrückbaren Fläche, wie beispielsweise einer Höhlenwand.

Die ältesten Beweisstücke für die künstlerische Begabung des Menschen gehören in die erste Kategorie: kleine Gegenstände aus geschnitztem Knochen, Geweih, Elfenbein oder modelliertem Ton, die mindestens 30000 Jahre alt sind und zu den ersten wertvollen Besitztümern des Menschen gehörten. Viele Jahrtausende hatte er seine Finger geschult und gelernt, wie man sie um einen Stein oder Knochen legt und mit einem Schneidewerkzeug umgeht. So war es nur natürlich, daß er Fortschritte machte und schließlich anfing, kleine dekorative Gegenstände herzustellen. Er fertigte Tausende davon, wahrscheinlich im Winter, wenn er nicht so häufig zur Jagd ging und viel Zeit der Muße hatte. Diese Gegenstände sind ganz oder in Bruchstücken

Diese beiden schlanken Elfenbeinfiguren aus Frankreich und Sibirien deuten darauf hin, daß die Cro-Magnon-Menschen neben untersetzten Venusfiguren auch andere weibliche Formen bildnerisch umsetzten. Die hier abgebildeten Figuren wurden verzerrt dargestellt.

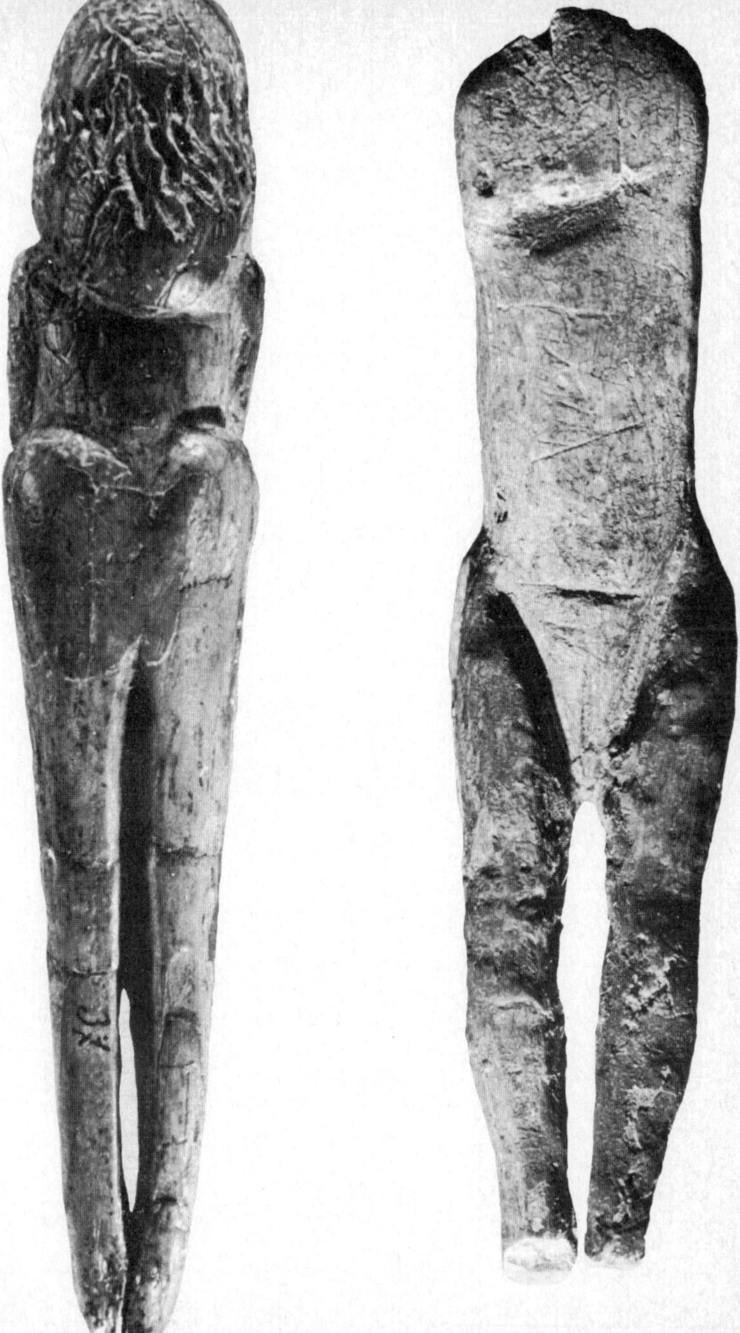

überall von Frankreich bis Sibirien aufgetaucht, und ihnen allen ist ihre geringe Größe und die Aufmerksamkeit für das Detail gemein. Einige sind poliert und mit Gravuren verziert wie die Schnitzereien der amerikanischen Walfänger des 19. Jahrhunderts. Sie blieben erhalten, weil ihre Besitzer sie verloren oder wegwarfen und sie von den Erd- oder Steinschichten der Höhlen, Felsüberhänge und offenen Lagerstätten begraben wurden, in denen die Cro-Magnon-Menschen lebten. In der Tschechoslowakei und in Rußland fand man einige von ihnen in Gruben in der Nähe von Feuerstellen, woraus zu schließen ist, daß ihnen ihre Besitzer sicherlich eine besondere Bedeutung beigemessen haben.

Diese kleinen Artefakte bringen uns dem Cro-Magnon-Menschen näher, denn sie gehörten zu seinem täglichen Leben und verschönten es. Menschliche Hände wie die unseren hielten sie, gebrauchten sie, versteckten sie, stahlen sie vielleicht, tauschten sie oder verschenkten sie als Ehrengaben. Die farbenprächtigen Höhlenmalereien haben die anspruchslosere, menschlichere *art mobilier* vielleicht in den Schatten gestellt, aber sie ist in sich von ganz besonderem Wert. Ihre eingeritzten Tiere – Antilope, Wisent, Mammut, Pferd, Löwe, Bär – sind mit so viel Leben erfüllt, daß man das Gefühl hat, der frühe Mensch habe mit ihrer Darstellung seine neuentdeckte Fähigkeit zur Kreativität gefeiert, und die Ornamentik geht in ihrer lebendigen Vielfalt sogar noch über die Natur hinaus.

Das überraschendste Element dieser beweglichen Kleinkunst ist vielleicht die Darstellung der Menschen. Einige wirken erstaunlich lebendig. Andere, vor allem die unverhältnismäßig fettleibigen Venus-Figurinen Europas, sind mit derartiger künstlerischer Freiheit und Selbstsicherheit verzerrt worden, wie man es im Westen erst wieder im 20. Jahrhundert sieht.

Die Tendenz zu gewagten Formen und Mustern wird in einem einzigartigen Stück dieser *art mobilier* deutlich. Es handelt sich um die Darstellung einer Frau aus Předmostí in der ČSSR, die auf dem Stoßzahn eines Mammuts eingeritzt ist. Die weiblichen Formen werden hier nicht übertrieben füllig dargestellt, es ist vielmehr eine phantastisch idealisierte Figur mit einem gehörnten dreieckigen Kopf, eiförmigen Brüsten zu beiden Seiten des Kopfes, einer runden Zielscheibe als Bauch mit dem Nabel genau in der Mitte und einem breiten Becken, das größer ist als alle anderen Elemente in der Darstellung und das von sieben Ovalen umgeben ist. Die Beine sind wenig ausgebildet und an den Knien abgeschnitten.

Als Ganzes betrachtet, sieht die Předmostí-Zeichnung nicht nur wie eine Frauenfigur, sondern auch wie eine riesige bizarre Maske aus, wobei die Brüste zu Augen und das Becken zu einem weit geöffneten Mund werden. Es ist möglich, daß diese doppelte Sicht beabsichtigt war, um die Macht der Darstellung in irgendeiner Art von Zauber noch zu verstärken. Man kann nicht umhin, dieses geometrische Werk mit der modernen Kunst unserer Tage zu assoziieren, gerade so, als sei es von Picasso oder Miró geschaffen.

Solche linearen Muster findet man oft in den frühen Stadien der alten ägyptischen und griechischen Kunst. Doch diese phantastische Venus war zur selben Zeit wie die realistisch dargestellten kleinen Köpfe von Bären, Löwen und Rhinozerossen entstanden, die man in derselben Gegend gefunden hat. Diese vielseitigen osteuropäischen Künstler waren offensichtlich durchaus in der Lage, naturalistische Kunstwerke zu schaffen, wenn die Gegebenheiten es ihrer Meinung nach erforderten.

Bisweilen scheint diese naturalistische Kunst dokumentarischen Charakter zu haben und die Erfahrungen dieser Menschen festzuhalten. Knochenplättchen aus Frankreich, die wie Miniaturschallplatten mit einem Loch in der Mitte versehen sind, weisen verschiedene Gravierungen auf. Auf dem einen ist eine prähistorische Kuh mit sanftem Gesichtsausdruck zu sehen. Ein anderes ist nur teilweise naturalistisch: Obgleich die Geschlechtsteile deutlich die eines Mannes sind, erinnert der Kopf mehr an den eines Tieres, wie so oft in prähistorischen Darstellungen. Auf einem dritten Plättchen, das aus einem Schulterknochen angefertigt ist, wird auf der einen Seite eine Hirschkuh mit dem Speer gejagt, während sich auf der Rückseite das bereits erlegte Tier auf dem Boden krümmt. Die beiden Bilder in dieser kleinen Folge scheinen bereits eine Geschichte zu erzählen – eine Technik, die viele tausend Jahre später in den Bildfolgen religiösen Inhalts, in Comics und in Filmen weiterentwickelt werden wird.

Solche kleinen, schönen Gegenstände wurden sicher zu Besitztümern, Andenken oder Reliquien, die man sehr schätzte, die von einer Person zur nächsten weitergegeben wurden und einen ideellen Wert bekamen. Man konnte die Leute an den Dingen, die sie benutzten, die sie liebten und die sie trugen, erkennen. Die Cro-Magnon-Menschen schmückten sich mit Halsringen aus Fischgräten und durchstoßenen Zähnen und mit Armreifen aus Elfenbein, und sie trugen Kleider, die mit bunten Perlenreihen verziert waren. Der Anthropologe John E. Pfeiffer sagte einmal, sich zu schmücken habe «eine neue Form des Selbstbewußtseins, eine höhere Stufe der Individualität bedeutet».

Und doch scheint die bewegliche Kleinkunst oft mehr zu sein als nur Schmuck für den Hals einer Cro-Magnon-Frau oder *objets d'art* für die Herdstelle. Vielleicht hat diese Kleinkunst tatsächlich bei religiösen Riten oder anderen geheimnisvollen Bräuchen eine Rolle gespielt. Obwohl die meisten Experten inzwischen die Theorie von *L'art pour l'art* ablehnen, räumen sie ein, daß eine ganze Reihe dieser Stücke aus reinem Vergnügen an der Arbeit entstanden sein mögen. Jeder Gegenstand der *art mobilier* stellte besondere Anforderungen an den Künstler. Er mußte herausfinden, wie er das Rohmaterial – Knochen, Horn oder Stein – zu bearbeiten hatte, um seine natürliche Form und Beschaffenheit am besten ausnutzen zu können. Wie z. B. konnte der Künstler ein so ausgezacktes, weitverzweigtes Material wie Rentiergeweih so umformen, daß daraus eine Tierfigur oder ein nützliches

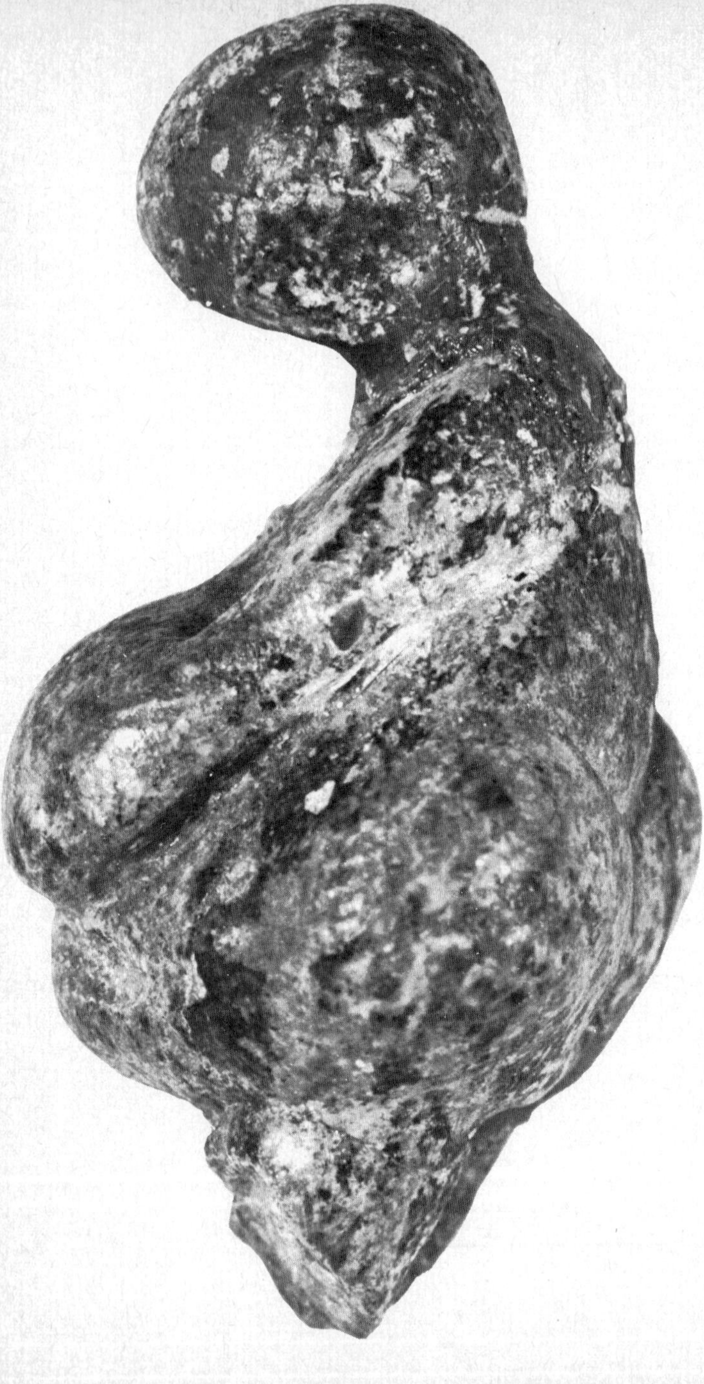

Werkzeug entstand? Ein solches Problem zu lösen, erfordert große Geschicklichkeit und Findigkeit, und die Cro-Magnon-Menschen müssen eine besondere Befriedigung darin gefunden haben, derartige künstlerische Aufgaben anzugehen und zu bewältigen.

Die Cro-Magnon-Menschen haben es vielleicht als «vergnüglich» empfunden, durch die begrenzten Möglichkeiten eines Geweihs, eines Mammutstoßzahnes oder eines Steins festgelegt zu sein und eben diese begrenzten Möglichkeiten zu nutzen, um einen bewundernswerten neuen Gegenstand zu schaffen. Für die Kunst ist es immer ein Anreiz gewesen, sich mit besonderen Anforderungen auseinanderzusetzen, vorausgesetzt natürlich, daß der Künstler diese Anforderung akzeptiert und begreift.

Die Kunst, etwas auf knapp bemessenem Raum darzustellen, wird eindrucksvoll belegt durch einen elegant geschwungenen Lochstab, der von sich widersprechenden Sachverständigen einmal als einer dieser mysteriösen Gegenstände, als ein «Kommandostab», und zum anderen als eine Speerschleuder identifiziert worden ist. Den natürlichen Schwung eines Rentiergeweihs ausnutzend, bildet die Figur eines springenden Pferdes den oberen Abschluß des Stabes. Das Pferd scheint ungebändigt aus irgendeinem Urstoff herauszuspringen, als sei der Schöpfungsprozeß noch nicht abgeschlossen. Die größte Leistung des Künstlers ist jedoch, daß das Pferd nicht nur eine Verzierung oder ein Auswuchs des Stabes bzw. der Speerschleuder ist. Es ist ein organischer Bestandteil dieses Utensils und von großer Bedeutung für dessen Brauchbarkeit; es verschmilzt mit der Form des Stabes zu einer harmonischen Einheit. Der Künstler besaß ein untrügliches Gefühl dafür, wie der Gegenstand ausehen mußte, und er hat es voll verwirklicht.

Man könnte noch viele andere Beispiele für solchen künstlerischen Einfallsreichtum nennen: zwei kopflose Steinböcke am Ende einer Speerschleuder, die eng verschlungen sind oder vielleicht miteinander kämpfen, eine Szene mit einem Rentier und einem springenden Lachs auf einem Geweih, eine geduckte, zum Sprung bereite Hyäne.

Momentaufnahme. Aber die besondere Genialität dieser Kunst wird vielleicht am deutlichsten in der umstrittenen Figur eines Wisents, der sich den Rücken leckt.

Die aus einem Mammutstoßzahn geschnitzte Venus von Gagarino wurde in Sibirien entdeckt. Die Beinpartie ist wie ein Zapfen geformt. Vielleicht stellte der Besitzer die Figur auf, indem er den zapfenartigen Sockel in die Erde steckte.

Einige Experten sagen, diese kleine, aus einem Rentiergeweih geschnitzte Figur sei einmal Teil einer Speerschleuder gewesen. Dieser Meinung wird von anderen widersprochen, die sich über ihre Verwendung nicht im klaren sind. Wichtiger ist jedoch, daß es dem Künstler gelungen ist, einen ganz bestimmten Augenblick festzuhalten – als der Wisent seinen Kopf herumdrehte und seine Zunge über seine Flanke gleiten ließ – und daß dieses friedliche Bild nach rund 15 000 Jahren noch existiert. Der Künstler hat sich viel Mühe gegeben, es lebendig zu gestalten, und bietet dem Auge viele Einzelheiten: das struppige Fell auf der vorstehenden Stirn, das weiche Fell um das Maul herum, die stark umrandeten mandelförmigen Augen, die ebenfalls umrandeten Nüstern, das tiefliegende linke und das reliefartige rechte Horn, das kleine Ohr und die langen, welligen Haare der Wamme und Mähne. Über die vielen Jahrtausende hinweg ist dieser natürliche, alltägliche Vorgang überliefert: Ein Wisent leckt sich das Fell.

Der eigenartige Zauber dieses Werkes liegt in der originellen Haltung des Tieres: Der Kopf ist gegen den Körper zurückgewandt. Hier ist die Form des Geweihs genial ausgenutzt. Aber selbst in diesem Punkt sind sich die Sachverständigen überhaupt nicht einig. André Leroi-Gourhan pflichtet dieser Meinung bei, wenn er sagt: «Die Haltung ist durch die Form des Rentiergeweihs vorgegeben.» Der Schweizer Kunsthistoriker Siegfried Giedion widerspricht dem: «Dieses Zurückwenden des Kopfes ist in keiner Weise durch die begrenzten Möglichkeiten des Materials erzwungen worden . . . Diese Kopfhaltung begegnet einem oft in der Kunst des Magdalénien, selbst wenn ausreichend Platz und Material vorhanden ist.» Wem sollen wir glauben?

«Ortsfeste» Kunst. Nicht alle Cro-Magnon-Kunst ließ sich so gut mitnehmen wie dieser Wisent aus Rentiergeweih. Manches, wie beispielsweise die Höhlenmalerei, gehört zur «ortsfesten» Kunst. Meistens handelt es sich dabei um Flachreliefs, die sich von den Felswänden abheben, von denen jedoch nur wenige die zerstörerischen Witterungseinflüsse überstanden haben.

Wissenschaftler fanden heraus, daß es sich bei den Algen, die die Höhlenmalerei von Lascaux zu zerstören drohten (s. a. S. 120), um Palmellococcus handelt, die sich von Bakterien und Mineralsalzen ernährt, welche die Besucher der Höhle unbeabsichtigt hereintrugen. Um eine weitere Ausbreitung zu verhindern, besprühten die Wissenschaftler die Höhlenwände mit einer Antibiotikamischung aus Penicillin, Streptomycin und Kanamycin. Und schließlich reinigten sie die Wände noch mit einer Lösung aus Formaldehyd und Detergentien, die zwar die Algen zerstörte, aber keine Flecken zurückließ. Rechts: Die Drähte am «Einhorn von Lascaux» sind Detektoren, mit denen auch mikroskopisch kleine Algensporen ausgemacht werden.

Ein eindrucksvolles Beispiel dafür ist der Tierfries in Le Cap Blanc in der Dordogne. Man hat dieses beachtliche Werk mit den Friesen des Parthenon verglichen, doch heute ist es bereits so stark beschädigt, daß dieser Vergleich auf den ersten Blick sehr weit hergeholt erscheint, und ein Foto würde ihm schon gar nicht gerecht. Aber bei einer genauen Betrachtung der einzelnen Teile hält es dem Vergleich doch stand. Der etwa 12 m lange Fries ist aus der Wand eines niedrigen Abris herausgearbeitet. Auf ihm sind mindestens fünf Pferde – das größte etwas über zwei Meter lang –, ein Rentier und die Reste von drei kleinen Wisenten zu sehen. Als man den Fries 1910 entdeckte, waren an den Tieren, wie an den Figuren des Parthenon, noch Farbspuren zu erkennen. Die Formen des Steins haben die Gestaltung der Tiere stark beeinflußt. Anscheinend sind sie nach ihrer Entstehung vor 15 000 bis 16 000 Jahren von späteren Cro-Magnon-Künstlern immer wieder verändert worden, aber es ist deutlich, daß jeder dieser Bildhauer etwas von seiner Arbeit verstand.

Insgesamt wird der Eindruck von Großzügigkeit und Eleganz vermittelt. Die gebogenen Rücken der Tiere, die sich alle mehr oder weniger auf einer Höhe befinden, erinnern an eine langgezogene Woge des Ozeans. Das Werk hat keinen formalen Aufbau, aber dennoch einen eigenen Zusammenhalt, und es ist einzigartig in der Kunstgeschichte: eine Skulptur einer idyllischen Landschaft. Hier richteten sich die Künstler bei ihrer Arbeit ganz nach der Natur; ihre Anhaltspunkte waren die bereits vorhandenen Formen, die sie ihren Zwecken entsprechend weiterentwickelten, so wie ein Komponist vielleicht ein vorgegebenes Thema variieren würde.

Der prähistorische Künstler hat sein Werk nie durch Rahmen, Sockel oder dergleichen von seiner Umgebung abgegrenzt; statt dessen fügte er es harmonisch in sie ein. Wenn er jedoch keine Gesteinsformationen vorfand, die ihm verwendbar erschienen, dann schuf er sich die Formen selbst, wie etwa bei den sich paarenden Wisenten, die die Höhle von Le Tuc d'Audoubert in der Gegend von Ariège nahe der Pyrenäen schmücken. Hier schnitt er offensichtlich die beiden Tiere aus zwei trockenen Lehmblöcken heraus, ein höchst ungewöhnliches Verfahren, denn ein anderes Material mußte auf den Felsuntergrund aufgetragen werden. Aber der Künstler machte das so geschickt, daß die Tiere wie ein natürlicher Bestandteil der leicht abfallenden Felswand erscheinen.

Die Wandgemälde von Altamira. Am eindrucksvollsten verbinden sich Kunst und Natur in den großartigen Wandgemälden von Altamira, von denen die Gelehrten zunächst nichts wissen wollten. Schließlich wurde die Echtheit der Bilder bewiesen, aber es dauerte lange, und es mußte erst eine Reihe anderer Entdeckungen vorausgehen.

Ein Wendepunkt kam im Jahre 1895 – wieder durch die Neugier eines jungen Menschen – mit der Entdeckung der Höhle von La Mouthe in

Wenn man sich das Gewirr von Linien auf diesem Stein genau anschaut, kann man eine ganze Menagerie erkennen: Pferde, Nashörner, Rentiere, Steinböcke, eine Katze und einen Hirsch. Auf solchen Steinen wurden wahrscheinlich Entwürfe angefertigt, die der Künstler später auf die Felswände übertrug. Danach übermalte er offensichtlich den Entwurf mit Ocker oder beschmierte ihn mit Schlamm.

Frankreich, in der man den Wisent als Deckenschmuck wiederfand. Dieses Mal waren die Experten weniger skeptisch, und zu denjenigen, die für den Sinneswandel verantwortlich waren, gehörte derselbe Edouard Piette, der Sautuora 1878 bezüglich der Echtheit der Altamira-Gemälde unterstützt hatte. Piette stellte wichtige Parallelen zwischen den Malereien von La Mouthe und denen von Altamira fest, und als in Frankreich immer mehr Höhlenmalereien in Font-de-Gaume und Les Combarelles entdeckt wurden, verschlossen sich die Franzosen nicht länger der Tatsache, daß sich vom Südwesten Frankreichs bis hin zum Nordwesten Spaniens ein Schwerpunktgebiet mit nahe verwandter Höhlenkunst erstreckte.

Zum Bild auf den beiden folgenden Seiten:
Drei flüchtende Hirsche in verschiedenen Farben an der Wand im Eingangsstollen des Höhlensystems von Lascaux.

Dieser Wisent entstand aus einem Stück Rentiergeweih. Sein Kopf ist nach hinten gewendet, und er leckt sich den Rücken. Die nur 10 cm lange Figur wird für das Fragment eines Wurfholzes gehalten (s. a. Text S. 107 «Momentaufnahme»).

Damit begann die Ehrenrettung Altamiras, die offiziell wurde, als Emile Cartailhac, einer der bekanntesten Leute, die an Altamira gezweifelt hatten, in einem inzwischen berühmt gewordenen Artikel von 1902 mit dem Titel ‹*Mea Culpa d'un Sceptique*› seinen Irrtum zugab. Im darauffolgenden Jahr bat Cartailhac einen jungen französischen Jesuiten, Henri Breuil, der sich als Spezialist auf dem Cro-Magnon-Gebiet bereits einen Namen gemacht hatte, mit ihm nach Altamira zu reisen. Sie untersuchten die Höhlen sehr sorgfältig, und Breuil begann noch einmal die Gemälde abzuzeichnen, durch die die Welt auf die Kunst der Cro-Magnon-Menschen aufmerksam gemacht wurde.

Die Wissenschaftler, die nun in großer Zahl die Höhle von Altamira aufsuchten, um sie auszumessen und die Bedeutung ihrer Gemälde festzustellen, berichteten, daß die Hauptgemäldegalerie, so wie sie jetzt bekannt ist, etwa 18 m lang und 8 bis 9 m breit sei. Die Decke ist sehr niedrig, so daß leicht einzusehen ist, weshalb die Künstler der Eiszeit lieber die Decke als die Wände bemalten. Gewiß ist die Felsendecke voller Unebenheiten, aber vielleicht ist es gerade die rauhe Oberfläche gewesen, die den frühen Künstlern so zusagte, denn sie konnten eine stärkere dreidimensionale Wirkung erzielen, wenn sie die Tiere auf die Felsbuckel malten.

Mit dem typischen Mangel an Übereinstimmung zählten die Experten 25 bis 100 Tiere in der Gemäldegalerie von Altamira, je nachdem, ob sie alle schwachen Spuren eines Tieres, über das wieder ein anderes gemalt worden war, mitzählten. Viele davon waren lebensgroß.

In der Gemäldegalerie gibt es Arbeiten aus verschiedenen Epochen. Über die Datierung konnte man sich bisher nicht einig werden. Dem Archäologen Johannes Maringer zufolge sind für das Aurignacien (vor rund 21000 bis 34000 Jahren) die kleinen Umrißzeichnungen mit den einfachen Konturen – heute würden wir sie Strichzeichnungen nennen – charakteristisch. Später malten die Künstler 2000 Jahre lang die Leiber der Tiere einheitlich mit roter und schwarzer Farbe aus. In der Blütezeit der Kunst des jüngeren Magdalénien (vor 12000 bis 19000 Jahren) legte man schließlich mehr Wert auf Zeichnungen und Schattierung innerhalb der Figur. Anatomische Einzelheiten wurden deutlich markiert und herausgehoben. Feine Abstufungen in der Farbe vermittelten den Eindruck von vorstehenden Muskelpartien.

Farben und Arbeitstechniken. Alle von den frühen Künstlern verwendeten Farben wurden aus natürlichen Farbstoffen der Erde, also Mineralen, hergestellt und waren deshalb so beständig. Am häufigsten wurde Ocker verwendet, eine Tonschicht, die es auf Grund der vielen darin enthaltenen Eisenminerale in allen Tönen von klarem Rot und Gelb bis zu dunklem Rot- oder Gelbbraun gibt. Schwarz wurde manchmal aus Holzkohle gewonnen, aber das beständigste Schwarz stammte vom Manganoxid, einem ziemlich weitverbreiteten Mineral. Alle diese Farbstoffe wurden zu einem feinen Pulver zerstoßen und dann mit allen möglichen Flüssigkeiten vermischt, unter anderem auch mit Blut, tierischen Fetten, Urin, Fischleim, Eiweiß oder Gemüsesäften.

Aus den Überresten des Handwerkszeugs der Künstler, die in Höhlen gefunden wurden, kann man sogar Mutmaßungen anstellen, wie ihre Arbeit vonstatten ging. Es ist denkbar, daß zwei oder drei Künstler zusammengearbeitet haben, wobei der erfahrenste der Meister war und die beiden anderen ihm als Gehilfen oder Lehrlinge zur Hand gingen und sich um die Lampen, die Farben und das andere Handwerkszeug kümmerten.

Die Künstler arbeiten die ganze Zeit bei künstlicher Beleuchtung. Ihre

Rouffignac: «Ein Wollnashorn – von Besuchern bemalt – ist so beleibt, daß sein Bauch den Boden berührt.

Lampen sind kleine, zu Tassen ausgehöhlte Steine, in denen zerlassenes Fett brennt. Sie sind rundherum an den Wänden der Höhle auf Steinen und Felsvorsprüngen aufgestellt, ähnlich wie Altarlichter. Zu anderen Zeiten und an anderen Orten sind die Lampen vielleicht aus Muscheln vom nahe gelegenen Strand oder auch aus Schädeln gefertigt. Haarsträhnen oder Moos dienen als Docht.

Die flackernden Flammen werfen Schatten auf die Wände und die Decke, und die Luft ist drückend durch das brennende Fett – von den Dünsten, die

Altamira: Ein lebensgroßer Eber, eines der wildesten Tiere der Steinzeit, ist im Sprung dargestellt.

zähflüssige Bindemittel in den Farben erzeugen, ganz zu schweigen. Der Meister studiert gerade einen Entwurf, den er vorher auf einer kleinen Steinplatte angefertigt hatte. (Man hat einige solcher Platten gefunden, die fast Linie für Linie dieselben Tiere in Kleinformat zeigen, die in manchen Höhlen dargestellt sind.) Als letzte Vorsichtsmaßnahme, ehe er mit der Arbeit beginnt, preßt er noch einmal seine Hand gegen den Teil der Decke, den er bemalen will, um die Feuchtigkeit zu prüfen; denn es darf keine Farbe aufgetragen werden, wenn der Fels nicht völlig trocken ist. Als erstes wird er einen einfachen Umriß des Tieres zeichnen, entweder mit einem spitzen Gegenstand oder mit schwarzer Farbe. Benutzt er Farbe, wählt er einen Pinsel aus Tierhaar, obgleich er auch einen geölten Stock oder eine Art Farbstift nehmen könnte, der aus einem handlichen Klumpen gehärteter Masse besteht.

Wenn der Umriß erst einmal gezeichnet ist, geht der Meister dazu über, die Farben aufzutragen und bestimmte Details, wie die Augen, die Hörner, die Muskeln und die Hufe, in Schwarz hervorzuheben. Er rührt seine Farbe in Muscheln an, die ihm als «Farbtöpfe» dienen (eine Reihe von Muscheln, die Reste von Ocker enthielten, hat man in Höhlengesteinsschichten gefun-

den), und trägt sie auf verschiedene Arten auf. Vielleicht benutzt er zunächst einen Pinsel und verteilt die Farbe dann gleichmäßig mit den Fingern, oder er setzt sie mit einem weichen Tupfer aus Moos, Flechte oder Fell auf, bis die Farbschattierungen fast unmerklich ineinander übergehen. Möglicherweise verteilt er die Farbe in Pulverform oder bläst sie durch den Röhrenknochen eines Vogels auf die vorgesehene Fläche, so daß sie sich wie ein Nebel auf den nackten Felsen legt. Wenn man bedenkt, wie begrenzt die dem Künstler zur Verfügung stehende Palette ist mit ihrem Gelb, Rot, Braun und Schwarz, dann kann man nur staunen, wie verschieden und lebensnah die Farbtöne wirken.

Marcel Ravidat und Jacques Marsal, die die Höhle von Lascaux mit den Wandmalereien aus der Cro-Magnon-Zeit entdeckt haben, stehen hier zusammen mit dem französischen Prähistoriker Abbé Henri Breuil (mit Baskenmütze) und ihrem Lehrer am Eingang der Höhle. Die Jungen hatten an einem Herbsttag 1940 einen Spalt im Boden entdeckt und stießen bei weiteren Nachforschungen auf die Malereien (s. a.: Text S. 120 «Lascaux: eine zweite prähistorische Galerie»).

Lascaux: eine zweite prähistorische Galerie. Nachdem Altamira das offizielle Siegel der Authentizität erhalten hatte, blieb es fast 40 Jahre die wichtigste Stätte prähistorischer Kunst. Seine Decke wurde von allen Dekkengemälden, mit Ausnahme des Meisterwerks von Michelangelo im Vatikan, am häufigsten abgebildet. Tatsächlich wurde die Altamira-Galerie die Sixtinische Kapelle der Eiszeit genannt. Doch seit 1940 muß sich Altamira mit einem anderen aufsehenerregenden Fund in Lascaux an der Vézère in Frankreich die Ehre teilen. Die Umstände, unter denen diese Entdeckung gemacht wurde, klingen wie eine andere Version der Altamira-Geschichte, denn es waren ebenfalls ein Jagdhund und Jugendliche daran beteiligt. Dieses Mal fiel der Hund in ein Loch, das entstanden war, als eine Tanne vom Sturm entwurzelt wurde. Wieder veranlaßte das Gejaule des Hundes den Besitzer, einen der vier Jungen, die zusammen einen Ausflug ins Grüne machten, das Loch zu vergrößern und sich zu dem etwa 7,50 m tiefen Boden der Höhle hinuntergleiten zu lassen. Seine Freunde folgten ihm, zündeten Streichhölzer an und sahen sich von Pferden, Hirschen und Stieren umgeben, die auf die Wände gemalt waren. Es machte den Jungen Spaß, ihr Geheimnis vier Tage lang für sich zu behalten, bis sie ihrem Lehrer davon erzählten. Und vier Tage später nahm der berühmte Abbé Breuil, der sich zufällig nur 40 km entfernt aufhielt, die Sache in die Hand. Die Entdeckung wurde während der Besetzung Frankreichs im Zweiten Weltkrieg gemacht. Damals war es nicht möglich, eine Klimaanlage und schwere Stahltüren einzubauen, was erforderlich gewesen wäre, um das System der Höhlenwände zu schützen. Aber 1948 waren dann alle diese Anlagen eingebaut, und Lascaux wurde für die Wissenschaftler und Touristen geöffnet und täglich von Tausenden besucht.

Aus irgendeinem Grunde, und das nur in Lascaux, war der Menschenstrom der Höhle nicht zuträglich. Algen begannen die Malereien anzugreifen, und die Höhle wurde wieder geschlossen. Die Wissenschaftler überlegten, wie man der Plage, die wohl durch den menschlichen Atem oder andere Aussonderungen des Körpers verursacht wurde, Herr werden könne. Die Sperrung der Höhlen für die breitere Öffentlichkeit erwies sich als die einzig geeignete Maßnahme. Nun werden sie nur nach vorheriger Anmeldung geöffnet, und zwar für höchstens vier oder fünf Leute pro Tag – meistens Wissenschaftler.

Ein Vergleich zwischen Lascaux und Altamira bietet sich an. Beide Höhlen wurden etwa während der gleichen Zeitspanne, vor rund 12000 bis 34000 Jahren, benutzt. Aber einige der Fachleute vermuten, daß die schönsten Arbeiten von Altamira gegen Ende dieses Zeitraums entstanden seien, während die Lascaux-Malerei bereits ein paar Jahrtausende früher ihre Blütezeit erreicht habe. In Altamira hat man insgesamt den Eindruck von magischer Größe und Ruhe. Die Wisente sind die Hauptfiguren. Breuil beschrieb sie folgendermaßen: «Manchmal stehen sie einfach ruhig da, manchmal haben sie sich niedergelegt oder ausgestreckt, manchmal wandern sie ziellos umher, manchmal galoppieren sie.» Aber es gibt nur wenige, die galoppieren. Daß die Künstler den Tieren einen gewissen Adel verliehen haben, läßt Rückschlüsse zu auf das Verhältnis des Menschen zum Tier. Der Mensch sah mit Ehrfurcht und Respekt zu diesen Tieren auf und hatte noch nicht gelernt, die Tierwelt mit der Gleichgültigkeit oder Herablassung zu betrachten, die er später entwickeln sollte.

Mindestens drei der Altamira-Wisente werden als ruhende Figuren bezeichnet: sie liegen auf untergeschlagenen Beinen, und ihre Köpfe haben sie dicht an den Leib gezogen. Einige Sachverständige halten sie für sterbende Wisente, deren Beine unter der Last ihrer Körper nachgeben. Aber im allgemeinen ist man der Ansicht, daß sie entweder schlafen oder niederkommen.

Offensichtlich sind ihre Formen durch vorstehende Felsen bestimmt, die sich für diese hockende Stellung der Tiere geradezu anbieten. Wie die Erklärung auch aussehen mag – und es mögen verschiedene Erklärungen für verschiedene Beispiele richtig sein –, diese Giganten sind herrliche Symbole für die geballte Kraft, die nur darauf wartet, von der Erde emporzuspringen.

Obwohl die schlichte Würde vorherrscht, gibt es in der Altamira-Galerie doch auch Erstaunliches und Zeugnisse spontaner Gefühlsregungen. Zum Beispiel liegt wenig Ruhevolles in dem «brüllenden Wisent» mit seinem offenen Maul, seinem vorgeschobenen Kopf, seinen vor Zorn weit aufgerissenen Augen, seiner sich sträubenden Mähne, die an Stacheldraht erinnert, und seinem hochgewölbten Rücken. Er scheint kampfbereit – vielleicht die erste Darstellung des Zorns. Als genaues Gegenstück dazu, aber ebenso erstaunlich, findet sich ein friedlicher Wisent mit hoch erhobenem Kopf, der gerade ein kleines Stückchen von einem Blatt abzubeißen scheint. Altamira hat aber auch zwei Eber aufzuweisen und ist damit die einzige bekannte Höhle, in der ganz deutlich ein Eber dargestellt ist. Eine Hirschkuh steht abseits; sie ist das größte der gemalten Tiere (2,20 m) in den spanischen Höhlen. Man kann gerade noch den zarten, gespensterhaften Kopf eines Wisents erkennen, der vor 25 000 Jahren mit gelber Farbe gezeichnet wurde. Es handelt sich um eines der ältesten Bilder in der Höhle, das immer noch seltsam lebendig wirkt.

Im Gegensatz hierzu sind die Malereien von Lascaux weniger ruhig und viel abwechslungsreicher. Während die Tiere in Altamira meist sehr stattlich wirken, gebärden die in Lascaux sich recht wild: In einer berühmten Darstellung, die als das «fallende Pferd» bekannt ist, sieht man das Tier falsch herum mit den Beinen in der Luft. Und während die Künstler in Altamira streng auf Farbe und Bewegung achteten, trugen die Künstler in Lascaux die Farben leicht und in Wellenlinien auf, so daß die Bewegung und der Schwung fast ans Barocke grenzen. Was in Altamira klassisch und orthodox erscheint, wirkt in Lascaux freizügig und für den modernen Menschen exotisch.

Die Höhle von Lascaux hat die Form eines U und mißt von einem Ende zum anderen ungefähr 100 m. Die Besucher werden durch zwei massive Metalltore eingelassen und müssen dann ihre Schuhe in eine Wanne mit einem flüssigen Desinfektionsmittel tauchen, damit alle Algen, die sie hineintragen könnten, abgetötet werden. Dann dürfen sie in den runden Raum treten, wo gleich die erste Figur, die sie an der linken Wand sehen und die an einen Wächter am Eingang erinnert, ein Phantasietier ist. Obwohl es als Einhorn bezeichnet wird, gleicht es eher einem «Zweihorn» mit zwei geraden, nach vorn ragenden Hörnern. Es gibt Anhaltspunkte dafür, daß es über ein früheres Werk, vielleicht über ein kleines, mit roter Farbe gezeichnetes Pferd, gemalt wurde. Bei diesem seltsam phantastischen Wesen, das etwa 1,50 m lang ist, hat man auch behauptet, der Körper stamme von einem Nashorn und der Kopf von einer tibetischen Antilope. Aber es könnte auch der Körper eines maskierten Mannes sein, der sich für eine Zeremonie verkleidet hat. Die Ringe, die an der Seite aufgemalt sind, gehören zu keinem natürlichen Wesen, und deshalb denkt man an eine Maskierung. Noch unnatürlicher erscheint es durch sein eckiges Maul und seinen Höcker. Außerdem ist es trächtig.

Die beherrschenden Figuren in diesem runden Raum sind vier gigantische weiße Stiere, alle etwa 4 m lang und mit kräftigen schwarzen Linien umrissen. In Lascaux hat man keine weiße Farbe benutzt, dort hat man dieselbe Wirkung erzielt, indem man den hellen Fels innerhalb der schwarzen Umrisse unbemalt ließ. Das Weiß verleiht den Tieren eine mystische Göttlichkeit, ähnlich wie bei dem weißen Stiergott Apis der alten Ägypter. Die vier Stiere könnten tatsächlich Gottheiten sein, die über einer Welt kleinerer Tiere – trabender Pferde, Hirsche mit bizarren Geweihen und kleinerer Kühe – thronen. In dem runden Raum sieht man erstaunliche Unterschiede in der Größenordnung. Zwischen den Beinen der großen Bullen herrscht ein munteres Durcheinander kleinerer Tiere und ein Dickicht aus Beinen und Geweihen. Hier besteht eine Wechselwirkung zwischen der Zeit und der Bildschärfe, hier sieht man alle möglichen gespensterhaften Tiere der Vergangenheit, die allmählich verblassen, und rätselhafte Reihen schwarzer Punkte.

In der schmalen, etwa 20 m langen Galerie, die achsenförmig von der hinteren Wand des runden Raums abzweigt, hat der Besucher das Gefühl, als durchschreite er wilde Tierhorden, die gerade über seinem Kopf vorbeidonnern. Auf gegenüberliegenden Wänden sind zwei Gruppen von Tieren dargestellt.

Auf der linken Wand der Galerie sieht man vier Kühe und drei kleine, nicht vollendete Pferde. Auf der rechten Wand sieht man eine sehr viel interessantere Komposition, beherrscht von 13 Pferden. Darunter befinden sich fünf kleine, die wie Shetlandponys aussehen, während über ihnen eine riesige Kuh schwebt. Auf dieser Wand sind auch die beiden berühmten «chinesischen» Pferde zu sehen, die so genannt werden, weil sie mit ihren dünnen Beinen und dicken Leibern an die Pferde der klassischen chinesischen Malerei erinnern.

Die Schätze von Lascaux sind vielseitiger als die von Altamira. Aber die Thematik beider Gruppen wirft viele schwer zu beantwortende Fragen auf. Im Mittelpunkt der Malerei stehen die Tiere, die die Cro-Magnon-Jäger als Beute heimbrachten: der Wisent, das Pferd und das Rotwild. Diese Figuren sind im allgemeinen naturalistisch dargestellt, was von den menschlichen Gestalten nicht behauptet werden kann. Wenn sie überhaupt auftauchen, dann als Strichzeichnungen oder als Phantasiefiguren wie der Mensch mit dem Vogelkopf. Der Meister des Goldenen Zeitalters der prähistorischen Kunst stellte sich mehr in der beweglichen Kleinkunst als in Höhlengemälden dar; erst gegen Ende der letzten Eiszeit, kurz bevor der Ackerbau aufkam, malte man auf Höhlenwände auch menschliche Wesen.

Diese erstaunlichen Umstände haben die Experten natürlich zu kühnen Spekulationen angeregt. Man hat die Malereien als magische Zeichen, rituelle Symbole und mystische Schlüssel zum damaligen Verständnis des Universums interpretiert. Aber bezüglich der wichtigsten Bedeutung der Cro-Magnon-Kunst, ob auf Höhlenwänden oder anderen Materialien, kann es keine Zweifel geben. Mit der Schaffung von Kunstwerken, deren Qualität spätere Generationen nur mit großer Anstrengung übertreffen sollten, kam ein gänzlich neuer Aspekt in das Leben des Menschen. Er stand nur noch in indirekter Verbindung zum Daseinskampf, der den Menschen so lange vollkommen in Anspruch genommen hatte. Von jetzt an wurde das Leben der Menschen nicht mehr nur von ihren physischen, sondern auch von intellektuellen und geistigen Bedürfnissen bestimmt.

5. Mythen, Symbole, Bestattungsriten

Der Cro-Magnon-Mensch hatte den Körperbau eines modernen Menschen. Seine technische Begabung war weit entwickelt, und in seiner Kunst war er ein Meister. Konnte er aber in irgendeiner Form sein Verhältnis zur Natur darstellen? Seine Malereien zeigten deutlich, daß er viel Sinn für das ästhetisch Schöne hatte. Drückten sie vielleicht noch mehr aus? War hier der Glaube an übernatürliche Dinge erkennbar? Wurden mystische Mächte geehrt oder sogar Zauberriten praktiziert? Hatte er eine Religion? Diese Fragen lassen sich natürlich nur mit Vermutungen beantworten, und die Prähistoriker werden nie aufhören, über Einzelheiten zu diskutieren. Aber ohne Zweifel wurde in der Cro-Magnon-Zeit eine wichtige Phase in der geistigen Entwicklung des Menschen erreicht: die Fähigkeit zu symbolischer Darstellung.

Symbole geben Auskunft über den geistig-seelischen Bereich des Menschen. Schriftzeichen, Wörter, Zahlen, Kalender, Bilder, Grabsteine, Kirchen, sie alle sind Symbole, deren Bedeutung nicht mit ihrer eigenen Wirklichkeit identisch ist. Sowohl der Kopfschmuck in Form eines Geweihs, der von einem hochgestellten Cro-Magnon-Menschen getragen wird, als auch die Mitra eines Bischofs symbolisieren eine Sonderstellung, einen Status. Zeremonien und Riten aller Art in der Politik, Religion oder Magie haben symbolischen Charakter, und wie die Kerzen auf dem Altar in einer Kirche heute, so waren auch die flackernden Öllampen, die die Wandgemälde in einer Cro-Magnon-Höhle beleuchteten, Attribute symbolischer Handlungen.

Höhlen sind eine natürliche Wiege der Magie. Wenn man mehr als nur ein paar Schritte in das Innere einer prähistorischen Höhle vorgedrungen ist, spürt man die geheimnisvolle Atmosphäre, die von den sich vorwöl-

Die «Linie mit Pfeilen» (links), die sich an einer Wand in Marsoulas in Südfrankreich entlangschlängelt, sieht aus wie eine Pflanze, obwohl ähnliche Zeichen als Federn, Pfeile und stilisierte Phalli interpretiert worden sind. In dem Bild daneben hat man den Handabdruck, der sich direkt vor einem Stollen in der Höhle von Gargas befindet, als eine bittende Geste an einen Geist gedeutet.

benden Wände und Decken und der dunklen, sich undeutlich abzeichnenden Tiefe ausgeht. Durch die Licht- und Schattenwirkung werden sie seltsam lebendig und nehmen bizarre Formen an. Jede Höhle hat ihren eigenen Charakter und ihre eigene Stimmung, von der kapellenartigen Gedrängtheit der Haupthöhle von Altamira bis zu den langen, gewundenen Gängen in Les Combarelles und den seltsam einladenden Nischen und Verbindungsgängen in Font-de-Gaume. Aber in den meisten finden sich abgesonderte Bereiche, die vielleicht Zeremonien oder Riten vorbehalten waren oder als sakrale Orte dienten. Einige von ihnen befinden sich in schwer zugänglichen Spalten und Stollen, und das bestätigt die Annahme, daß sie in vorgeschichtlichen Zeiten als besonders weihevolle Orte betrachtet wurden.

Einige Archäologen haben die Vermutung ausgesprochen, daß diese verborgenen Kultstätten bei Initiationsriten aufgesucht wurden. Vielleicht mußten die Cro-Magnon-Jugendlichen durch dunkle, feuchte Stollen kriechen, vielleicht hatten sie Angst, sie könnten nicht mehr herausfinden, vielleicht waren sie geschwächt nach einer Fastenzeit und wurden schließlich belohnt durch den Anblick eines gemalten Tieres oder irgendeines anderen magischen Bildes, das sie beim schwachen Licht der Laterne erkennen konnten. Es gibt zwar keinen schlüssigen Beweis für solche Initiationen in der Vorgeschichte, doch schon in den ältesten schriftlichen Aufzeichnungen über das Leben der Menschen sind solche Zeremonien an ähnlich eindrucksvollen Orten erwähnt. Und es ist sehr wahrscheinlich, daß ein Volk mit so viel Phantasie wie die Cro-Magnon-Menschen, das der Herrschaft der Natur ausgesetzt war und sowohl eingebildete als auch echte Ängste und Schicksalsschläge erdulden mußte, seine Höhlen für so dramatische Gelegenheiten nutzen würde.

Die Höhle mit den Wisenten. Einer der sensationellsten Schauplätze für eine Initiation befindet sich in der Nähe der Pyrenäenausläufer in Frankreich, wo zwei benachbarte Höhlensysteme durch den kleinen Fluß Volp miteinander verbunden werden. Beide Höhlen gehören zu dem Besitz von Henri Bégouën, der als Archäologe an der Universität von Toulouse lehrte. Bégouën hatte drei Söhne, und es kann nach all dem Vorangegangenen nicht mehr überraschen, daß diese Jungen eine wichtige Rolle bei der Entdeckung der Höhlen spielten. Sie hatten gehört, daß der Fluß zu einem Labyrinth von Grotten und Gängen führte. An einem Sommertag im Jahre 1912 nun steuerten sie ihr Floß, das sie sich aus Benzinkanistern gebaut hatten, in eine Felsspalte hinein, und damit begann ihre Entdeckungsreise durch die Höhlen.

Als ob sie auf dem Styx (Fluß der Unterwelt) in die Unterwelt führen, folgten sie einigen Windungen und trieben dann in eine große dunkle Grotte, wo sie ihr Floß auf einem schmalen Kiesstreifen zurückließen. Mit Laternen in der Hand drangen sie in einen gut 20 m langen Gang vor, der sie schließlich in eine große Höhle mit einem stehenden Gewässer führte. Diese wurde später die Brautkammer genannt wegen der weißen Stalagmiten und Stalaktiten, die an die Spitzen eines Brautkleides erinnern. Am Ende der Brautkammer kletterten sie einen 12 m hohen steilen Abhang hinauf und schlugen ein paar Stalaktiten ab, um sich Zugang zu einem mehrere hundert Meter langen Stollen zu verschaffen. Am Ende dieses Stollens mußten sie sich durch eine sehr niedrige und enge Passage durcharbeiten, um in eine neue Höhle zu gelangen, in der, wie sich später herausstellte, fossile Knochen von Höhlenbären verstreut lagen. Fast am Ende des Höhlenkomplexes kamen sie schließlich in eine runde Kammer. Hier bot sich ihnen ein überwältigendes Bild, das in dem Licht ihrer Laternen und den scharfen Schatten, die es erzeugte, fast furchterregend wirkte: Zwei herrlich gestaltete Wisente aus Ton, jeder etwa 60 cm lang, lehnten gegen einen von der Decke heruntergestürzten Felsblock.

Für die Söhne des Grafen Bégouën war dieses Abenteuer fast so aufregend und geheimnisvoll wie ein Initiationsritus, und dem Grafen selbst kam die Idee, als er den Fund inspizierte, daß die Höhle wahrscheinlich für solche Zwecke benutzt wurde. Auf dem feinen Lehmboden einer Nische unweit der Höhle mit den Wisenten fanden der Graf und sein Archäologenteam etwa 50 menschliche Fersenabdrücke, die in einer dünnen Kalkspatkruste erhalten geblieben waren. Sie waren verhältnismäßig klein und könnten deshalb von fünf oder sechs Kindern im Alter zwischen 13 und 15 Jahren stammen. Natürlich könnten aber auch neugierige Kinder, die irgendwann einmal in die Höhle vorgedrungen waren, diese Spuren hinterlassen haben. Doch unweit der Fersenabdrücke fanden die Forscher mehrere «Würste» aus Ton, die man für kleine Phalli hält. Diese sehr schwer zugängliche Nische, tief unter der Erde, war möglicherweise der Ort, wo Fruchtbarkeitsriten stattfanden und die Knaben Wache hielten. Daß man den Wisent nachbildete, war nur natürlich für ein Volk, das hauptsächlich diese großen Tiere jagte, um seinen Bedarf an Nahrung und Häuten zu decken.

Zwei Jahre nach der Entdeckung der Höhle mit den Wisenten begannen der Graf und seine Söhne mit der Erforschung einer zweiten Höhle, die mit der ersten verbunden war und die er zu Ehren der Jungen *Les-Trois-Frères* (Die Drei Brüder) nannte. Auch in diesem schwer zugänglichen Teil boten sich deutliche Hinweise auf Zauber und Magie. Sie mußten die üblichen Hindernisse überwinden, durch Löcher in die Tiefe steigen, Abhänge hinaufklettern und sich durch einen Gang schlängeln, der von gemalten und eingeritzten Löwenköpfen bewacht wurde, um schließlich in eine glockenförmige Nische im Innern der Erde zu gelangen.

Hier waren eine Menge Tiere verschiedenster Art in die Wände eingeritzt, und diese Bilder lagen wie Spinnweben über dem Fels. Diese Kunst erinnert an eine magische Menagerie. Eine Rentierkuh hat den Vorderteil eines kräftig gebauten Wisents. Gehütet werden die Tiere von einem hybri-

Zwei 60 cm lange Wisente aus Ton lehnen an einem Kalksteinblock in der Höhle von Le Tuc d'Audoubert bei Ariège in Frankreich. Sie überdauerten 15 000 Jahre, ohne durch Feuchtigkeit und Temperaturschwankungen großen Schaden zu nehmen (s. a. Text S. 126 «Die Höhle mit den Wisenten»).

den Wesen mit menschlichen Beinen, einem Schwanz und Hörnern, das tanzt und auf einer Flöte oder einem ähnlichen Instrument spielt. Beim Anblick dieser Figur denkt man zwangsläufig an die hüpfenden Satyrn und Pan-Darstellungen, wie wir sie in der frühen griechischen Mythologie finden.

Aber die interessanteste Figur ist diejenige, die hoch oben in der Nische wie der Herr der Tiere über allem thront und diese absonderliche Herde

bewacht. Mit dem geweihartigen Kopfschmuck, den hypnotisierenden Eulenaugen, einem Pferdeschwanz, den Wolfsohren, Bärenpranken und den Füßen und Geschlechtsteilen eines Mannes vermittelt dieses Wesen eine erregende Vitalität. Es ist eine Zaubermischung aus tierischen und menschlichen Kräften. Dieses Meisterwerk der Cro-Magnon-Kunst hat man oft als Darstellung eines Zauberers oder Schamanen bezeichnet.

Geister und Zauberer. Aus der Kunst der Cro-Magnon-Menschen ist nicht zu ersehen, ob sie Geisterbeschwörung betrieben, aber die Existenz solcher Phantasiegestalten wie des seltsamen Herrn der Tiere in der Les-Trois-Frères-Höhle hat viele Archäologen diese Möglichkeit erwägen lassen. Daneben gibt es den ebenfalls schwer zugänglichen Vogelmenschen von Lascaux, der sich am Ende eines 7 m tiefen Schachtes befindet. Er ist primitiv gemalt, sein Körper gleicht einer Gartenbohne, und die Arme und Beine stehen wie Streichhölzer ab. Er hat nur vier Finger an jeder Hand. Den Schnabel an seinem Kopf richtet er nach oben. Neben ihm sind eine Reihe von seltsamen Requisiten zu sehen: ein Pfahl oder Stab mit einem Vogelkopf (es könnte sich dabei um eine Speerschleuder handeln) und ein riesiger Spieß mit Widerhaken, der gegen einen großen Wisent gelehnt ist. Dieser hat eine drohende Haltung eingenommen. Er ist tödlich verwundet, und die Gedärme hängen aus seinem Leib. Etwas entfernt davon steht ein rätselhaftes Nashorn mit erhobenem Schwanz, das sich durch die Unruhe offenbar nicht stören läßt.

Abbé Breuil, der für seine Deutungen der Cro-Magnon-Kunst bekannt ist, hält dieses Bild für eine blutige Jagdszene, bei der der Mensch den Wisent verwundet hat und dann vom Rhinozeros getötet worden ist. Überzeugt davon, daß das Bild einen tatsächlich stattgefundenen Jagdunfall darstellt, ließ Breuil den Schacht aufgraben, um festzustellen, ob die Knochen des Jägers in der Nähe des Bildes lägen. Es wurden jedoch keine gefunden.

Später sahen Sachverständige in dem Bild einen symbolischen Kampf zwischen drei Sippen, deren Totembleme der Vogel, das Rhinozeros und der Wisent seien. Andere wieder sahen darin das Aufeinanderprallen männlicher und weiblicher Symbole, wobei der Speer für den Mann und der Wisent mit seinen heraushängenden Gedärmen, in deren Windungen man weibliche Rundungen zu erkennen glaubte, für die Frau stünde. Eine dritte weitverbreitete Theorie besagt, daß es sich bei der Gestalt mit dem Vogelkopf um einen maskierten Schamanen handle, der im Verlauf eines Rituals in Trance niederstürze. Zur Erhärtung der Schamanen-Theorie hat man darauf hingewiesen, daß ein solcher Vogel wie der an der Spitze des Stabes bzw. der Speerschleuder oft mit Schamanen im heutigen Sibirien assoziiert wird.

Die Verbindung mit Sibirien ist vielleicht von Bedeutung. Bei den noch heute dort lebenden Jägern spielt der Schamane eine wichtige Rolle als Wahrsager, Medizinmann und Zauberer. In einem ekstatischen, tranceähnlichen Zustand sagt er mit Hilfe der Magie die Zukunft voraus. Er scheint auch Krankheiten aus dem Körper eines Patienten herauszutreiben. Er gibt einem Volk, dessen Existenz allein von der Natur abhängt, das Gefühl, er wüßte etwas über sein Schicksal und könnte dieses durch Zauber beeinflussen.

Ob aus derartigen Beobachtungen der Neuzeit Schlüsse für die Vorzeit gezogen werden dürfen, ist natürlich fraglich. Aber ohne Zweifel ist der Schamanismus einiger Völker, die noch heute als Jäger und Sammler leben, ein wichtiges Beispiel für deren Symbolverhalten. Seine moderne Ausprägung – nicht nur in Sibirien, sondern auch in Südamerika, Afrika und in anderen Gebieten der Erde – kann Hinweise darauf geben, wie der Mensch der Vorgeschichte die Mächte sah, die in seinen Augen mehr vermochten als er selber.

Ein Schamane bei den Jägern des 20. Jahrhunderts in Mittelsibirien muß auf Generationen von Schamanen in seiner Familie zurückblicken können. «Der Geist meines verstorbenen Bruders Ilya kommt und spricht durch meinen Mund», erklärte Semjonow Semjon, ein bei den Tungusen praktizierender Schamane mongolischer Abstammung. Das Zitat stammt aus dem Buch des Mythologen Joseph Campbell ‹*The Masks of God: Primitive Mythology*› (Die Masken Gottes: Primitive Mythologie).

Um ein richtiger Schamane zu werden, mußte sich Semjon vorher körperlichen Qualen und furchtbaren Prüfungen unterziehen. «Meine Vorfahren begannen Schamanismus mit mir zu betreiben. Sie stellten mich auf wie einen Holzblock und schossen ihre Pfeile auf mich ab, bis ich ohnmächtig wurde. Sie schnitten mein Fleisch auf, trennten die Knochen voneinander, zählten sie und aßen mein rohes Fleisch ... Während sie diesen Ritus vollzogen, aß und trank ich einen ganzen Sommer lang nichts. Zum Schluß tranken die Schamanengeister das Blut eines Rentiers und gaben auch mir davon zu trinken ... Das geschieht mit jedem Schamanen der Tungusen. Erst wenn seine Schamanenvorfahren seinen Körper in dieser Weise aufgeschnitten und die Knochen voneinander getrennt haben, kann er zu praktizieren beginnen.»

Obwohl sich in diesem Bericht mythische Elemente und Halluzinationen miteinander vermischen, zeigt er doch deutlich die Hingabe und das Aufgehen im Mystischen, die Teil der alten Schamanentradition sind.

Nur selten war es geschulten Beobachtern möglich, das Wirken von Schamanen zu sehen. Ein bemerkenswerter und in der Literatur über Schamanismus häufig zitierter Bericht stammt von Lucas Bridges, der als Sohn eines Missionars einige Jugendjahre unter den Ona, einem Volk von Jägern auf den Feuerlandinseln, zubrachte. Auf diesen Inseln am südlichsten Zipfel Südamerikas führten mehrere Indianerstämme, deren Vorfahren wahrscheinlich zur Zeit des Cro-Magnon-Menschen von Sibirien aus in die Neue Welt gelangt waren, noch im 20. Jahrhundert ein Leben, das – selbst mit den Maßstäben des Steinzeitalters gemessen – als primitiv zu gelten hat. Bridges berichtet, was er in einer hellen Mondnacht mit einem Schamanen namens Houshken erlebt hat.

Houshken begann mit einem Gesang, der ihn schließlich in einen Trancezustand versetzte. «Er richtete sich ganz auf und trat einen Schritt auf mich zu», erzählt Bridges. «Dann ließ er sein Gewand, sein einziges Kleidungsstück, auf den Boden gleiten, führte mit einer sehr eindrucksvollen Geste die Hände an den Mund und streckte sie dann mit geballten Fäusten, die Daumen einander zugekehrt, von sich. Er führte sie, für mich in Augenhöhe, bis etwa auf einen halben Meter an mein Gesicht heran, um sie dann langsam auseinanderzuziehen. Ich sah, daß sich jetzt ein kleiner, halbdurchsichtiger Gegenstand zwischen ihnen befand. In der Mitte hatte er einen Durchmesser von etwa zweieinhalb Zentimetern und verjüngte sich zu seinen Händen hin. Es könnte ein halbtransparentes Stück einer teig- oder gummiartigen Masse gewesen sein, doch was es auch war, es schien lebendig zu sein und drehte sich mit großer Geschwindigkeit, während Houshken heftig zitterte, offensichtlich auf Grund seiner angespannten Muskeln . . .

Während ich auf dieses seltsame Objekt starrte, zog Houshken seine Hände noch weiter auseinander, so daß es immer durchsichtiger wurde, und schließlich . . . bemerkte ich, daß es gar nicht mehr da war. Es war weder zerrissen noch wie eine Seifenblase zerplatzt; es war einfach verschwunden, nachdem es weniger als fünf Sekunden lang für mich deutlich sichtbar gewesen war. Ohne eine abrupte Bewegung zu machen, öffnete Houshken langsam die Hände und hielt mir die leeren Handflächen hin. Sie waren sauber und trocken. Er war ganz nackt, und er hatte keinen Gehilfen bei sich. Ich blickte auf den Schnee vor mir, und Houshken konnte trotz seiner stoischen Haltung nicht umhin, leicht aufzulachen, denn auch dort war nichts zu sehen.

Die anderen hatten sich dicht an uns herangedrängt und stießen Laute des Erschreckens aus, als der Gegenstand sich in Nichts auflöste . . . Die Eingeborenen hielten diesen nämlich für einen furchtbar heimtückischen Geist . . . Wie wir gerade mit eigenen Augen gesehen hatten, konnte er sich sichtbar, aber auch vollkommen unsichtbar machen. Er konnte Insekten, kleine Mäuse, Schlamm, scharfe Steinchen, ja sogar Quallen oder kleine Kraken in die Körper der Menschen hexen, die den Unwillen seines Herrn erregt hatten. Ich habe einen starken Mann bei dem Gedanken an diesen Schrecken und an die bösen Kräfte des Geistes unwillkürlich erschauern sehen.»

In jeder primitiven Kultur sah das Repertoire der Schamanen an Zauberkünsten und Heilmethoden, Hilfeleistungen und Wohltaten anders aus, aber die Magie, die Vorstellung von einer anderen Wirklichkeit, war immer die Grundlage. Der Mensch hätte nie zur Wissenschaft vordringen können, wenn er sich nicht zuerst mit der Magie befaßt hätte, sich nie gefragt hätte,

Die Zeichnung machte im Jahre 1912 Abbé Breuil, der «Papst» der Cro-Magnon-Forschung. Die in Tierhäute gekleidete Figur mit einem Hirschgeweih auf dem Kopf befindet sich in der Les-Trois-Frères-Höhle in Südfrankreich. Breuil sah in dieser Figur einen Schamanen. Sie gehört zu den wenigen, die Aufschlüsse über das Symbolverhalten der Cro-Magnon-Menschen geben.

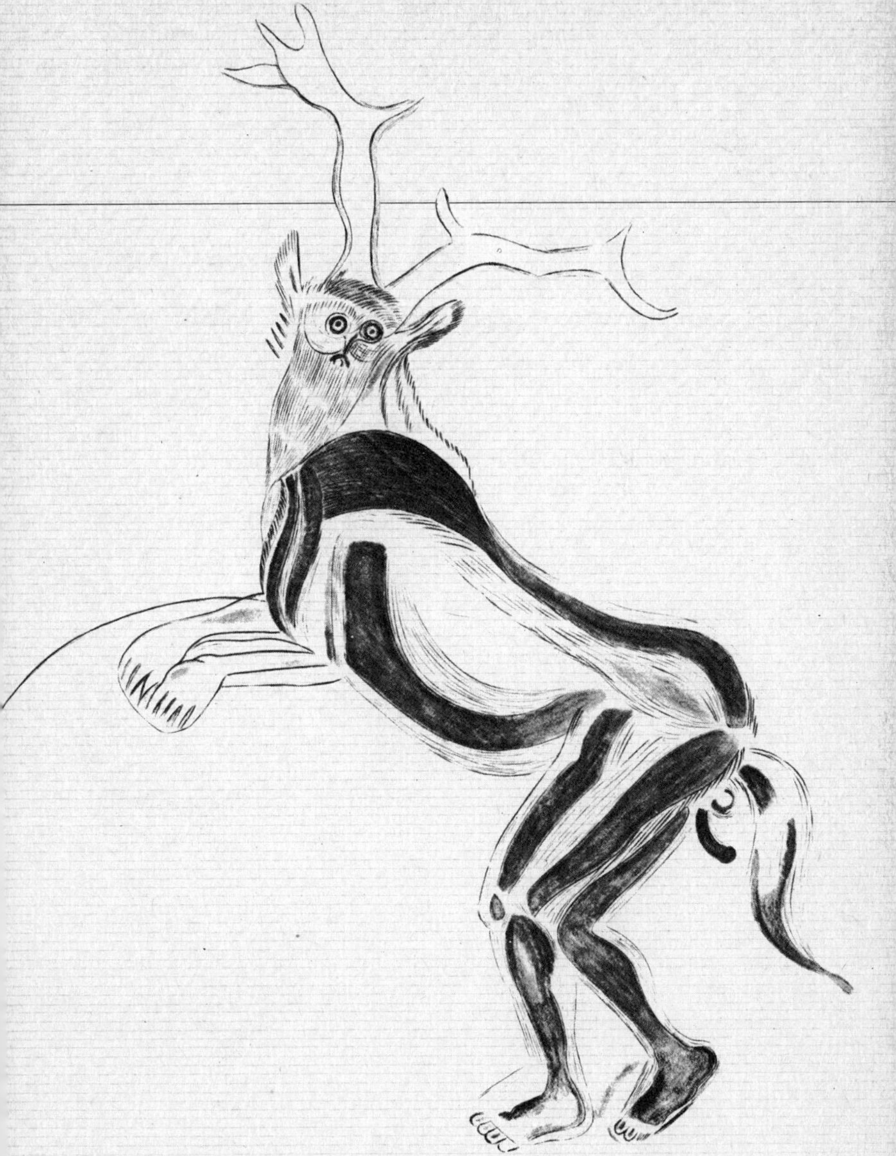

was jenseits der von ihm erfaßbaren Wirklichkeit ist. Magie ist die Kunst, Ziele, die man sich gesetzt hat, durch den Einsatz von verschiedenen Techniken – u. a. von Symbolen, Zeichen und Riten – zu erreichen. Man nimmt an, daß der Magier mit ihrer Hilfe Macht über natürliche und übernatürliche Kräfte gewinnt. In mancher Hinsicht ist die Magie ihrem äußeren Anschein nach eine Wissenschaft. Manche Vorgänge sind vielleicht als solche widersinnig, dennoch zeigen sie Wege und Möglichkeiten auf, die Dinge anzupakken, schlichte Methodenlehren für spätere Fortschritte. Für Menschen, die ihre Angst vor dem Tod und vor übermenschlichen Mächten zu bekämpfen suchen und Selbstvertrauen gewinnen wollten, war die Magie von ungeheurem Wert, denn sie inspirierte und stärkte sie. Vor allem für den Jäger war die Magie eine zusätzliche Waffe, die beinahe so wichtig war wie sein Speer, und wenn Zauberkünste nicht weiterhalfen, dann hatte man etwas falsch gemacht, oder es hatte sich eine noch stärkere Macht eingeschaltet.

Magische Symbole oder ein komplexes System von Sexualsymbolen? Magische Zeremonien der Cro-Magnon-Menschen sind natürlich nicht überliefert. Aber viele Kenner der Cro-Magnon-Kunst glauben, in ihr Spuren der Magie zu entdecken. Die Malereien, Gravierungen, Flachreliefs und Figurinen werden oft so interpretiert wie Houshkens Gegenstand, der auf magische Weise unsichtbar wurde, nämlich als Symbole, die in enger Beziehung zum Rituellen und Übernatürlichen stehen.

In mehr als 20 Höhlen in Spanien, Italien und Frankreich finden wir zum Beispiel Darstellungen von Händen. Als Kunst kann man sie kaum bezeichnen; wie Finger- und Fußabdrücke fungieren sie als Zeugnisse menschlicher Gegenwart. Manche sehen aus wie Schattenbilder, andere sind umrandet und dann ausgemalt, wieder andere bestehen nur aus Umrissen.

Was bedeuten sie? Warum sind in einigen Höhlen sehr viel mehr linke als rechte Hände abgebildet? Besteht eine Beziehung zu einem System des Zählens? Oder deuten sie auf eine Volkszählung hin? Verweisen sie dort, wo nur einige Finger abgebildet sind, auf rituelle Verstümmelungen oder auf eine Art Zeichensprache, in der vielleicht mit jedem Symbol ein anderes Tier gemeint ist? Die Buschmänner in Südafrika verständigen sich mit Handzeichen, um die Jagdbeute, die sie erspähen, zu bezeichnen.

Man hat sich immer ernsthaft mit diesen Fragen auseinandergesetzt und Vermutungen ausgesprochen. Doch die Hände selbst bleiben stumm. Wenn man sie aber in einer düsteren Höhle wie in der von Gargas in Frankreich sieht, ist man seltsam berührt: Dieses zeichenhafte Bindeglied zu unseren fernen Vorfahren reicht über Tausende von Jahren hinweg.

Auf den bemalten Felswänden erkennt man auch immer wieder ein vermutlich ebenfalls magisches Symbol, die sogenannten Tectiformes, die von der lateinischen Wurzel mit der Bedeutung «Dach» hergeleitet sind. Diese «Dachformen», die oft rechteckig sind und mehrere Querverstrebungen aufweisen, erinnern an Gerüste und sind vielleicht die ersten Darstellungen von Bauten, die der Mensch errichtet hat. Wenn es so wäre, wie muß man sie sich vorstellen? Waren sie Hütten, Zelte, Wohnungen für Geister oder Fallen für Tiere?

Doch nicht alle Sachverständigen deuten die prähistorische Kunst als magische Zeichen. Manche, vor allem der Franzose André Leroi-Gourhan, stehen unter dem Einfluß der Lehre Sigmung Freuds und sehen fast die gesamte Höhlenmalerei wieder unter einem anderen Aspekt: als ein komplexes System von Sexualsymbolen.

Leroi-Gourhan stellte eine Liste der in der Höhlenkunst auftretenden Motive zusammen und fand heraus, daß nur ein kleiner Teil sich auf Jagdriten bezog. In seinen Augen war der Ausgangspunkt der Cro-Magnon-Kunst vielmehr die starke Betonung der beiden Geschlechter, was an manchen Stellen eindeutig zum Ausdruck komme. Dem Mann und der Frau wurden jeweils eigene Symbole, Tiere, Gegenstände und so weiter zugeordnet. Nach Leroi-Gourhans Meinung spalteten diese praktisch die ganze Welt in ein männliches und ein weibliches Lager. Zu den Tieren des männlichen Lagers gehörten das Rotwild, der Steinbock, der Bär und das Rhinozeros, in das weibliche Lager gehörten der Wisent und die wilden Rinder. Die abstrakten Zeichen, die in fast allen Beispielen von Höhlenkunst zu finden sind, teilt Leroi-Gourhan nach einem Freudschen System ein, wobei Spitzen, Widerhaken und «Kommandostäbe» als männliche und Ovale, Dreiecke und Vierecke als weibliche Symbole gelten. Er legte fest, welche Tiere und Formen als männlich und welche als weiblich zu betrachten sind. Als Anhaltspunkte dienten ihm die als solche klar erkennbaren Geschlechtssymbole in der Nähe dieser Tiere und Formen.

Nachdem Leroi-Gourhan über 2000 Tierbilder in rund 60 Höhlen studiert hatte, berichtete er, daß 90 % der Wisente und Wildrinder, die das weibliche Element verkörpern, in der Mitte, also sozusagen im Schoß der Höhle, zu sehen sind, während 70 % der abstrakten männlichen Symbole mehr am Rande ihren Platz gefunden haben, wo sie vielleicht die Funktion von Zauberzeichen erfüllen. Leroi-Gourhan sah die Höhle als Musterbeispiel des Lebens auf der Erde: als Darstellung eines Traums des frühen Menschen, die das Kräftegleichgewicht in der Natur bestätigen sollte. Er meinte ferner, daß damit nicht nur das Gleichgewicht zwischen dem männlichen und dem weiblichen Prinzip, sondern darüber hinaus die Versöhnung aller gegensätzlichen Kräfte gemeint sein könnte, wobei er an ein abstraktes Konzept, vergleichbar mit dem Yin und dem Yang in der Philosophie des Ostens dachte.

Wie zu erwarten war, hat diese Theorie einen Sturm der Entrüstung hervorgerufen. Ihre Gegner sagten, sie setze voraus, daß die Cro-Magnon-Menschen genaue Pläne für die Ausgestaltung solcher Höhlen wie Altamira und Lascaux gehabt haben müßten, damit die Geschlechtssymbole planmä-

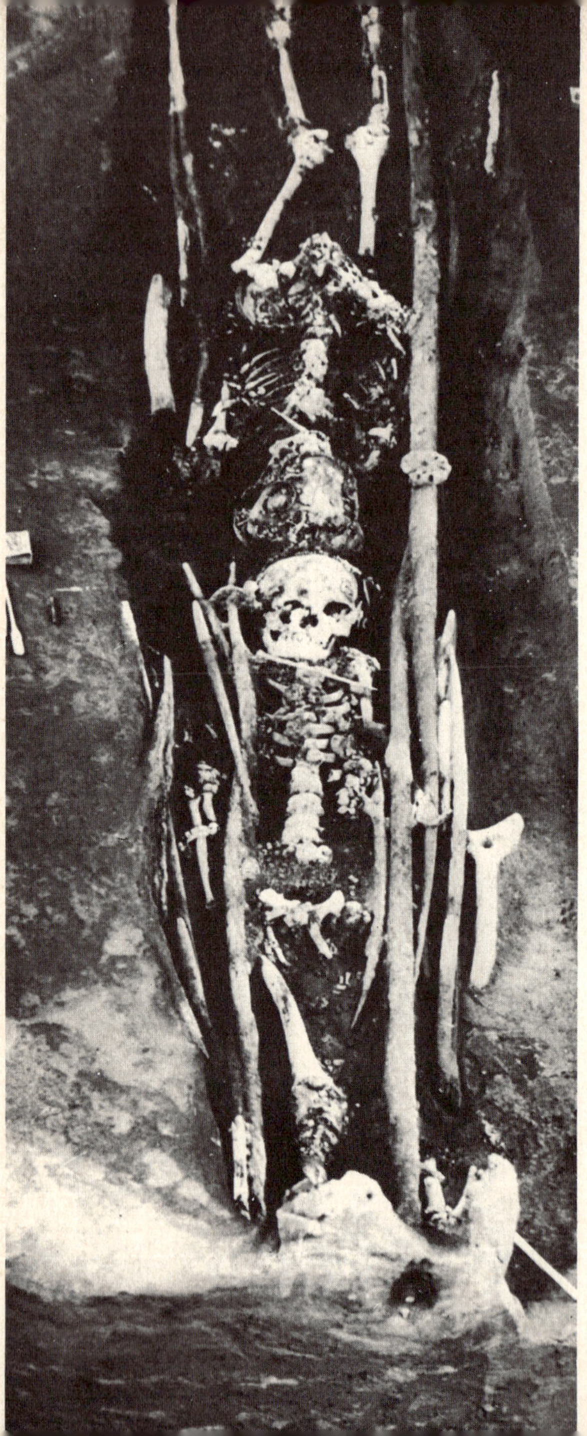

Die Skelette von zwei Jungen, die vor 23000 Jahren im Alter von 12 oder 13 und etwa 8 Jahren starben, liegen Kopf an Kopf in einem Grab in Sungir in Rußland. Die großartige Ausstattung ihres Grabes, in dem sich schön gearbeitete Speere und Dolche aus Mammut-Elfenbein, «Kommandostäbe», Perlen, die einst herrliche Pelzgewänder zierten, und Schmuck aus Elfenbein finden, weist darauf hin, daß die Jungen in einem feierlichen Ritual bestattet wurden.

ßig verteilt und an die richtige Stelle gesetzt würden. Aber es weist doch vieles darauf hin, daß die Höhlen willkürlich und nicht nur über Jahre, sondern über Jahrhunderte hin ausgeschmückt wurden.

Die Tendenz, die Kunst des Paläolithikums mit allen ihren Verästelungen als eine Gesamtheit zu betrachten, hat sich als sehr hinderlich für das Verständnis der von dem Cro-Magnon-Menschen geschaffenen Bilder und Formen erwiesen. Tatsächlich war diese Kunst ungeheuer vielgestaltig und wies eine ganze Reihe von Stilrichtungen auf, die über eine mutmaßliche Zeitspanne von 30000 Jahren an vielen Orten entstanden. So ist es durchaus plausibel, daß Symbole wie Hände und Tectiformes zu verschiedenen Zeiten verschiedene Bedeutungen hatten.

Der Glauben an ein Leben nach dem Tode. Nicht nur die Kunst zeigt uns, daß sich die Cro-Magnon-Menschen in zunehmend anspruchsvoller Weise mit den nicht greifbaren Ängsten, Qualen und Geheimnissen auseinanderzusetzen versuchten, die offenbar auftraten, als der Mensch sich allmählich seines Intellekts und seiner selbst bewußt wurde. Die Angst vor dem Tod, die Frage nach seiner Bedeutung und dem, was nach dem Tode kommt, hat die Menschen seit jeher bewegt – den Cro-Magnon-Menschen wie alle anderen.

Daß vor den Cro-Magnon-Menschen bereits die Neandertaler an ein Leben nach dem Tode glaubten, geht aus einem Fund hervor, den man in Frankreich gemacht hat. Es handelt sich um das Skelett eines Mannes, dem man Fleisch als Beigabe in das Grab gelegt hatte. Bei der Freilegung von Grabstätten in Rußland hat sich herausgestellt, daß einige Cro-Magnon-Völker ihre Toten mit mehr Aufwand bestatteten, als man gemeinhin angenommen hatte, und daß bei den Beerdigungen symbolische Riten von bis dahin unbekannter Pracht stattfanden. Es ist möglich, daß dieser Aufwand dem Verstorbenen ein angenehmeres Leben nach dem Tode sichern sollte, obgleich es auch denkbar ist, daß damit sein Ansehen auf der Erde symbolisiert wurde, um die Zurückgebliebenen zu beeindrucken. Wie dem auch sei, es wird ein neues Licht auf die steinzeitliche Auffassung vom Tode und auf den Aufwand bei Bestattungen geworfen.

Die Funde wurden bei zwei Grabungen gemacht, beide auf einem 23000 Jahre alten Gräberfeld etwa 210 km nordöstlich von Moskau, wo der Boden das ganze Jahr über gefroren bleibt. Bei der ersten Grabung im Jahre 1964 kamen die Reste zweier Skelette zum Vorschein, von denen das besser erhaltene das eines etwa 55jährigen Mannes war, den man in reich mit Perlen verzierter Pelzkleidung begraben hatte. Vor der Bestattung hatte man roten Ocker in sein Grab gestreut, und später wurde auch der Leichnam selbst mit Ocker besprenkelt, der als pulverige rote Schicht auf den Knochen des Skeletts zurückblieb, nachdem das Fleisch verwest war.

Die Archäologen vermuten, daß der Ocker entweder das Blut des lebendigen Menschen symbolisieren oder daß der Verstorbene durch die Farbe lebendig wirken sollte. Unter und auf dem Skelett fand man etwa 1500 Schmuckstücke aus Knochen sowie durchlochte Eckzähne von Polarfüchsen – wahrscheinlich einst Teile einer Halskette –, zwei Dutzend Armringe, die aus Mammutelfenbein geschnitzt waren, und Perlen aus demselben Material, die in Reihen auf die Fellkleidung des Mannes aufgenäht waren.

Der zweite große Fund, der 1969 freigelegt wurde, war noch sensationeller. In einem Grab entdeckte man die Skelette zweier Knaben. Beide lagen auf dem Rücken, und ihre Beine zeigten in entgegengesetzte Richtungen, während sich ihre Schädel fast berührten. Kopf an Kopf bildeten sie eine Linie. Der jüngere war zwischen 7 und 9 Jahre alt, der andere etwa fünf Jahre älter. Ihre Gewänder waren mit Perlen reich verziert, und außerdem trugen sie Waffen, darunter 2 1/2 m lange Speere aus Mammutstoßzähnen, die man zu diesem Zweck geradegebogen und mit sehr scharfen, dünnen Spitzen versehen hatte. Beide Leichname trugen Elfenbeinarmbänder und -ringe, und es waren noch Spuren von einer Art Kopfschmuck zu erkennen. Mit langen Nadeln, die sich unter ihrem Kinn fanden, hatte man die Kragen ihrer Gewänder zugesteckt: sie sollten es warm und behaglich haben. Neben den Skeletten lagen zwei «Kommandostäbe».

Niemand weiß, ob alle diese Beigaben den Knaben in ihrem Leben nach dem Tode Ansehen verleihen oder ob sie ihre Seelen trösten und beruhigen oder einfach nur auf die Bedeutung der Familie im irdischen Leben hinweisen sollten. Doch welchem Zweck sie auch dienten, sie hatten in jedem Fall symbolischen Charakter. In den Augen der Menschen, die sie in das Grab gelegt hatten, standen sie für etwas anderes, und zwar für etwas sehr Wichtiges, denn sie gaben dafür einen beträchtlichen Anteil ihres irdischen Besitzes hin. In den folgenden Jahrtausenden haben die Bestattungsbräuche den Überlebenden immer wieder Aufwand und Reichtümer abverlangt.

Steinzeitliche Kunst unter dem Mikroskop. 1962 lieferten Forschungsarbeiten außerhalb des Bereiches der Archäologie den überraschendsten Beweis für den geistigen Entwicklungsgrad des Cro-Magnon-Menschen. Es ergab sich die Möglichkeit, daß diese frühen Menschen ihre Symbole in einer Weise verwandten, die sehr viel später zur Schrift führen sollte. Diese Entdeckung machte Alexander Marshack, der inzwischen als

Während früher in der Höhlenkunst von Altamira und Lascaux große Tiere naturalistisch porträtiert wurden, sind die Bilder an der spanischen Küste stilisiert und stellen oft anekdotische Begebenheiten dar. Zum erstenmal in der Kunstgeschichte zeigen uns die Malereien Männer, Frauen und Kinder innerhalb ihrer sozialen Gruppen. Rechts: Ein Jäger spannt seinen doppelt geschweiften Bogen.

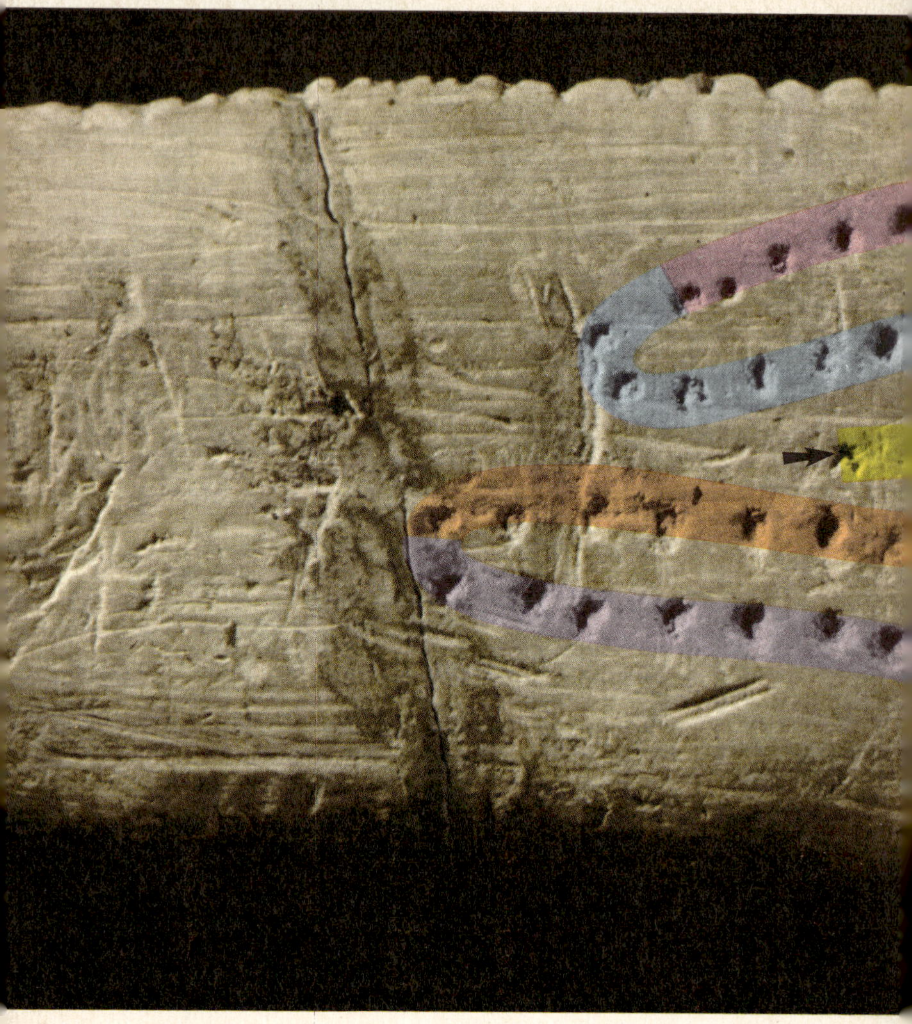

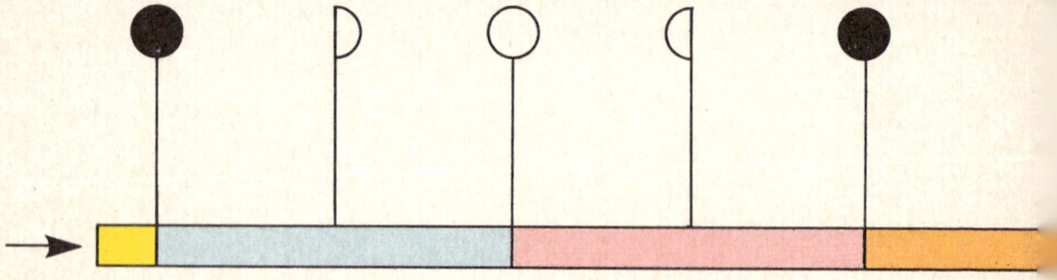

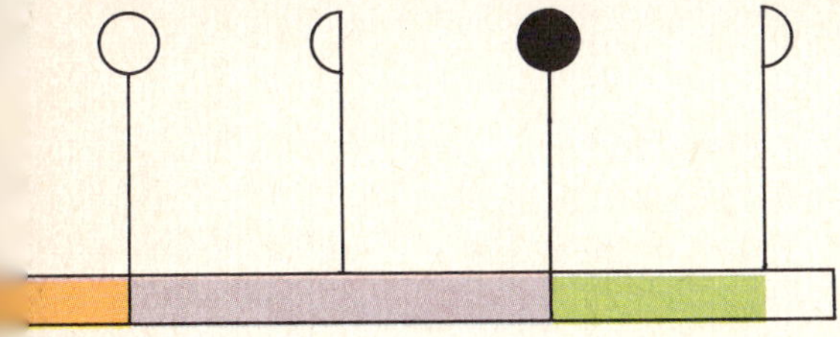

Bildlegende zu dieser Abbildung siehe S. 142.

Forschungsbeauftragter am Peabody-Museum von Harvard tätig ist, damals aber als wissenschaftlicher Schriftsteller ein Buch über das Mondprogramm der NASA vorbereitete. Als er nach Material für die Ursprünge der Wissenschaften suchte, stieß er auf die Fotografie von einem kleinen, 8000 Jahre alten Knochenartefakt, das auf beiden Seiten gleichmäßige Folgen von Rillen und Ritzungen aufwies. Marshack wußte, daß solche Ritzungen auf Knochen und Steinen der Vorzeit sehr häufig anzutreffen sind. Aber jetzt kam ihm der Gedanke, daß diese Zeichen vielleicht weder Ornament noch, wie manchmal auch angenommen wurde, eine Strichliste erlegter Tiere, sondern eine Art Aufzeichnung waren. Er meinte, die 167 Zeichen auf dem Knochen könnten vielleicht ein Kalender der Mondphasen sein, den man im Laufe von sechs Monaten zusammengestellt hatte.

Marshack legte sein Buch über den Weltraum beiseite und untersuchte in einem Vierjahresprojekt Hunderte von Steinzeitartefakten mit Ritzungen unter dem Mikroskop. Auf vielen waren Zeichen, unter denen man sich etwas vorstellen konnte, aber auf den Gegenständen aus der Zeit des Aurignacien, die 34000 Jahre zurückliegt, sind ungewöhnlich viele, äußerst komplizierte Zeichen, die etwas zu bedeuten scheinen, zu erkennen. Marshack konzentrierte sich auf etwa 30 gut erhaltene Stücke, von denen er annahm, daß sie vielleicht – wie der 8000 Jahre alte Knochen, der ihn zu dieser Untersuchung angeregt hatte – die Phasen des Mondes darstellten.

Das eindrucksvollste Stück war eine ovale Platte aus Geweih, die man in der Dordogne in Frankreich gefunden hatte. Auf der einen Seite war eine Schlangenlinie aus 69 sich deutlich voneinander unterscheidenden Zeichen zu sehen. Als Marshack die Platte noch genauer untersuchte, kam er zu der Überzeugung, daß es sich dabei nicht um rasch entstandene Verzierungen handeln konnte, die von einem Cro-Magnon-Menschen in ein oder zwei Arbeitsgängen fertiggestellt worden waren. Unter dem Mikroskop wurde

Zum Bild auf den Seiten 140/141:
In der Dordogne in Frankreich wurde in einem ursprünglich von Cro-Magnon-Menschen bewohnten Abri vor über 50 Jahren eine Platte aus Rentiergeweih entdeckt (hier in dreieinhalbfacher Vergrößerung). Sie birgt vielleicht eine der ältesten Aufzeichnungen des Menschen und wäre damit ein Vorläufer der Schrift. Alexander Marshack, heute ein Forschungsbeauftragter am Peabody-Museum von Harvard, vertritt die umstrittene Theorie, daß es sich bei den Zeichen auf dem Geweih um eine Registrierung der Mondphasen handelt.
Zu dieser verblüffenden Hypothese kam Marshack, als er bei einer Untersuchung der Platte unter dem Mikroskop feststellte, daß die Zeichen einzeln und mit verschiedenen Werkzeugen über längere Zeit hinweg eingeritzt worden waren. Marshack übertrug auf die Platte ein mehrfarbiges Band, das die in Kurven verlaufende Linie aus 69 Zeichen verdeutlichen soll. In dem Diagramm unter dem Foto ist das Band begradigt, um aufzuzeigen, welche Beziehung Alexander Marshack zwischen den Zeichen und dem zu- und abnehmenden Mond sieht. Das erste Zeichen (Pfeil im Foto) entspricht der Nacht vor dem Neumond (Pfeil im Diagramm). Jedes Zeichen in der Folge stellt eine weitere Nacht dar, so daß ein schriftlicher Mondkalender entsteht. Der Kurvenverlauf verweist vielleicht auf den jeden Abend wechselnden Ort des Mondaufgangs.

Zu den letzten großen technischen Errungenschaften der Steinwerkzeugherstellung gehörte der geometrische Mikrolith, ein kleines Stück Feuerstein mit scharfen, spitzen Kanten, das oft aus einer größeren Klinge mit scharfer Schneide, wie der ganz oben abgebildeten, herausgebrochen wurde. Die zweite Reihe zeigt, wie die Klinge an zwei Nuten zu drei Teilen auseinandergebrochen wird. Das Mittelstück hatte die Form eines Trapezes (die beiden anderen Stücke wurden nicht verwendet) oder, wie in der unteren Reihe, eines Dreiecks oder einer Sichel. Diese Mikrolithen konnten dann mit der scharfen Schneide nach außen in einen Holz- oder Knochengriff eingesetzt und mit Tannenharz verklebt werden. So entstand das unten abgebildete Werkzeug, eine Säge oder Sichel, mit der man Gras oder vielleicht sogar die Ähren des wilden Getreides schneiden konnte.

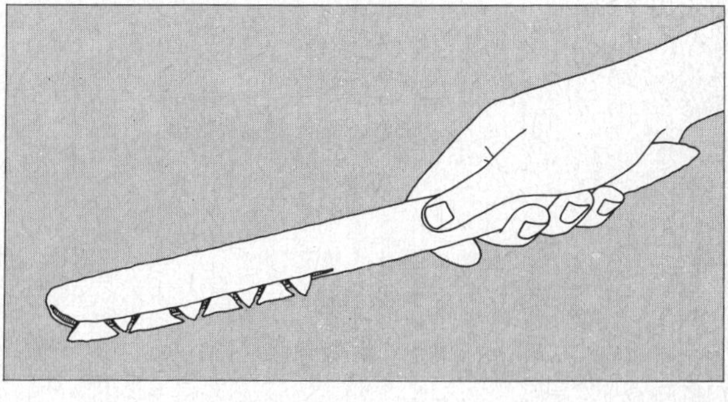

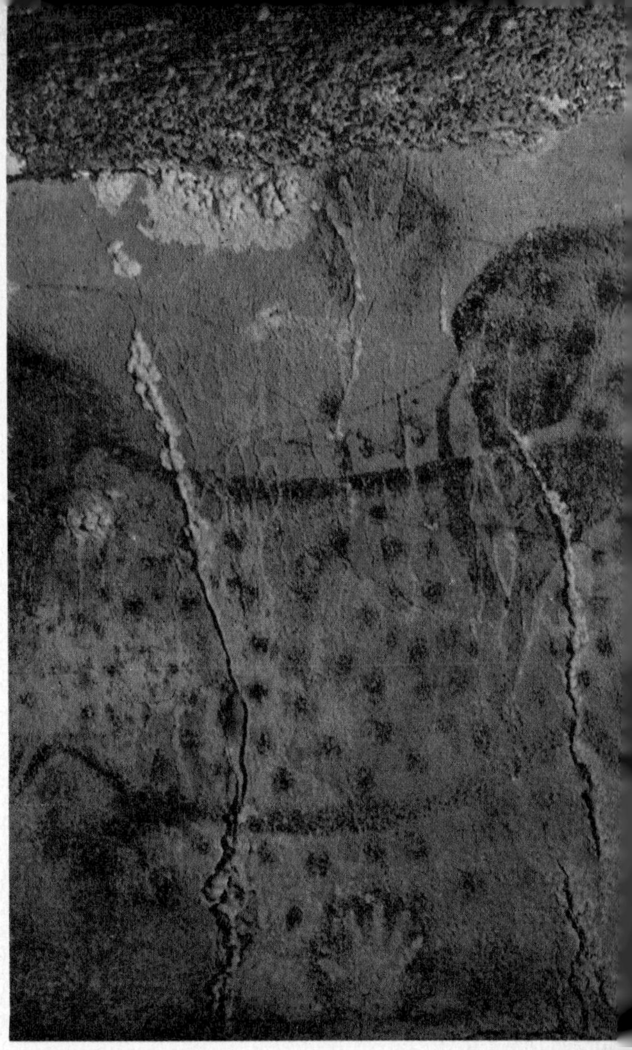

Das mit Punkten übersäte Gemälde zweier Pferde in der Höhle von Pech-Merle in Frankreich weist zwei Arten von Symbolen auf, die entweder einfache Ornamente oder Zeichen eines Jagdzaubers sind. Die Punkte könnten Wurfwaffen darstellen, und die Handabdrücke könnten zum Ausdruck bringen, daß der Mensch die Beutetiere beherrschen möchte. Zusammen gesehen, würden die Punkte und Hände dann auf eine Beschwörung der übernatürlichen Kräfte hinweisen, die den Jägern eine erfolgreiche Jagd sichern sollen.

deutlich, daß derjenige, der die 69 Zeichen eingeritzt hatte, 24 verschiedene spitze Werkzeuge, jedesmal mit anderem Druck und anderer Linienführung, angesetzt hatte.

Marshack wies darauf hin, daß diese Zeichen auf sehr kleiner Fläche untergebracht waren. Hätte man diese kleine Fläche nur ausschmücken wollen, dann hätte der Graveur wahrscheinlich jedes Zeichen mit der scharfen Spitze desselben Werkzeuges eingeritzt und sich dabei um gleichmäßige Striche und gleichmäßigen Druck bemüht. Durch das Mikroskop stellte er

aber fest, daß die Zeichen eine Serie darstellen, die zu verschiedenen Zeiten und mittels verschiedener Werkzeuge entstand.

Dieser Schluß legte wiederum nahe, daß die Zeichen einer Art systematischer Notierung dienten, die der Graveur entweder für sich selbst oder für seine Gruppe gemacht hatte. Marshack folgerte weiter, daß jedes Zeichen für eine neue Nacht stünde und daß die Schlangenlinie mit ihren seltsamen Windungen und Kurven eine schematische Darstellung der Mondaufgänge und -untergänge über eine Zeitspanne von zweieinviertel Monaten sei.

Wenn man nach der Nacht mit der ersten Mondsichel in Richtung Süden blickt, sieht man den zunehmenden Mond sich immer weiter nach Osten und immer weiter nach oben bewegen – bis zur siebten Nacht, in der er am höchsten steht. Aber vom achten Tag an senkt sich der Mond, während er seine Wanderung nach Osten fortführt, bis Vollmond herrscht. Am fünfzehnten Tag kehrt sich der Vorgang um, und der Mond nimmt wieder ab. Jede Kurve der gewundenen Spur auf der Knochenplatte entspricht demnach ungefähr dem Zeitpunkt im Monat, an dem der zunehmende oder abnehmende Mond in eine neue Phase eintritt. Wenn dieser Zeitpunkt da ist, ändert der Mond auch den Ort und die Zeit seines ersten Erscheinens am Abendhimmel. Falls Marshacks Deutung richtig ist, wäre bereits der Cro-Magnon-Mensch in der Lage gewesen, Informationen zu sammeln und in regelmäßigen Abständen aufzuzeichnen.

Einige Wissenschaftler begrüßen Marshacks Theorie als einen entscheidenden Fortschritt in der Erforschung des frühen Menschen, andere dagegen stehen seinen Deutungen noch skeptisch gegenüber.

Wer sich heute mit dem breiten Panorama der Cro-Magnon-Zeit befaßt, die vor etwa 40000 Jahren begann und bis zu den Anfängen des Ackerbaus, der Metallbearbeiter und der Stadt hinführte, ist sich darüber im klaren, daß große Abschnitte und andere vielleicht falsch interpretiert sind. Doch je mehr zufällige Beweisstücke von den Archäologen und Anthropologen der ganzen Welt sorgfältig zusammengetragen werden, desto näher kommen uns die Menschen, die damals lebten. Ein Anthropologe sagte einmal: «Die Vorgeschichte ist nicht mit den Menschen, die vor langer Zeit einmal existierten, abgeschlossen. Sie ist noch heute gegenwärtig.»

Diese Tabellen zeigen die Entwicklung des Lebens auf der Erde vom ersten Erscheinen in den Gewässern des neugebildeten Planeten bis zur Evolution des Menschen. Sie verfolgen seine körperlichen, gesellschaftlichen, technologischen und geistigen Fortschritte bis zum Anbruch unserer Zeitrechnung. Um diese Fortschritte in die allgemeine gebräuchliche chronologische Reihenfolge zu bringen, enthält die Spalte, die sich links außen in jedem der vier Abschnitte der Tabelle befindet, jeweils die großen geologischen Zeitalter, in die die Geschichte der Erde eingeteilt ist. Die zweite Spalte verzeichnet die archäologischen Zeitalter der menschlichen Geschichte. Die wichtigsten Daten für die Entstehung des Lebens und die hervorragendsten Leistungen des Menschen erscheinen in der dritten Spalte. (Ereignisse, die in diesem Band der Reihe «Die Frühzeit des Menschen» behandelt werden, sind fett gedruckt.) Die Tabellen sind nicht maßstabgetreu.

Geologie	Archäologie	Milliarden Jahre zurück	
Präkambrium Frühestes Erdzeitalter		4,5	Entstehung der Erde
		4	Bildung des Urmeers
			Erste Spuren von Leben, einzellige Algen und Bakterien, erscheinen im Wasser
		3	
		2	
		1	
		Millionen Jahre zurück	
			Erste sauerstoffatmende tierische Lebewesen erscheinen
		800	
			Primitive Organismen entwickeln voneinander abhängige spezialisierte Zellen
		600	Panzertragende mehrzellige wirbellose Tiere erscheinen
Paläozoikum Erdaltzeit			Evolution der Panzerfische, der ersten Tiere mit Wirbelsäule
		400	Kleine Amphibien wagen sich aufs Land Reptilien und Insekten entstehen
			Thecodontier, Vorfahren der Dinosaurier, erscheinen
Mesozoikum Erdmittelalter		200	Das Zeitalter der Dinosaurier beginnt
			Vögel erscheinen
			Säugetiere leben im Schatten der Dinosaurier
			Das Zeitalter der Dinosaurier geht zu Ende
		80	
			Prosimier, die frühesten Primaten, entwickeln sich auf Bäumen
Känozoikum Erdneuzeit		60	
		40	Affen und Menschenaffen erscheinen
		20	
		10	Ramapithecus, der älteste bekannte Primat mit menschenähnlichen Zügen, entwickelt sich in Indien und Afrika
		8	
		6	
		4	Australopithecus, der unmittelbarste Primatenvorfahr des Menschen, erscheint in Afrika

Geologie	Archäologie	Millionen Jahre zurück	
Unteres Pleistozän Älteste Periode der Neuzeit	**Unteres Paläolithikum** Älteste Periode der Altsteinzeit	2	Das älteste bekannte Werkzeug wird in Afrika von Menschen hergestellt
			Der erste echte Mensch, Homo erectus, erscheint in Ostindien und Afrika
		1	
			Homo erectus bevölkert die gemäßigten Zonen
		Jahrtausende zurück	
Mittleres Pleistozän Mittlere Periode der Neuzeit		800	Der Mensch lernt den Gebrauch des Feuers
		600	
			Große organisierte Elefantenjagden finden in Europa statt
		400	Der Mensch beginnt, künstliche Heimstätten aus Zweigen und Fellen zu bauen
		200	
Oberes Pleistozän Jüngste Periode der Neuzeit			Der Neandertaler erscheint in Europa
	Mittleres Paläolithikum Mittlere Periode der Altsteinzeit	80	
Letzte Eiszeit		60	Rituelle Begräbnisse in Europa und Vorderasien deuten auf den Glauben an ein Leben nach dem Tode hin
			Neandertaler jagen in Nordeuropa Wollmammute
		40	Der Höhlenbär wird Mittelpunkt kultischer Verehrung in Europa
			Der Cro-Magnon-Mensch erscheint in Europa
	Oberes Paläolithikum Jüngste Periode der Altsteinzeit		**Asiatische Jäger überqueren die Beringstraße und bevölkern Amerika**
			Die älteste bekannte schriftliche Aufzeichnung, ein Mondkalender auf Knochen, wird in Europa hergestellt
			Der Mensch erreicht Australien
			Erste Künstler bemalen Höhlenwände und -decken in Frankreich und Spanien
		30	**Figurinen werden geschnitzt und bei der Naturverehrung verwendet**
		20	**Die Erfindung der Nadel ermöglicht das Nähen**
Holozän Jetztzeit			**Auf den Great Plaines in Nordamerika beginnt die Bisonjagd**
	Mesolithikum Mittelsteinzeit	10	**Erfindung von Pfeil und Bogen in Europa**
			Die ersten Töpferwaren entstehen in Japan

Geologie	Archäologie	Jahre v. Chr.	
Holozän *(Fortsetzung)*	**Neolithikum** Jungsteinzeit	**9000**	
			Im Vorderen Orient werden Schafe domestiziert
			In Nordamerika wird der Hund domestiziert
		8000	Die erste Stadt – Jericho – wird gebaut
			In Persien werden Ziegen domestiziert
			Der Mensch baut das erste Getreide, Weizen und Gerste, im Vorderen Orient an
		7000	Im Vorderen Orient entwickeln sich dörfliche Lebensformen
			Çatal Hüyük in der heutigen Türkei entwickelt sich zur größten Stadt des Neolithikums
			Im Vorderen Orient wird der Webstuhl erfunden
			Rinder werden im Vorderen Orient domestiziert
		6000	Der Ackerbau verdrängt in Europa langsam die Jagd
			Im Gebiet des Mittelmeeres wird mit Kupfer gehandelt
			In Mexiko wird Mais angebaut
	Kupferzeit	**4800**	In der Bretagne entsteht das älteste bekannte Steinmonument
		4000	Segelboote werden in Ägypten benutzt
			Erste Stadtstaaten entwickeln sich in Sumer
			Im Vorderen Orient beginnt man, Rollsiegel als Erkennungsmarken zu benutzen
		3500	Die ersten Kartoffeln werden in Südamerika angebaut
			Das Rad wird in Sumer erfunden
			Im Fernen Osten wird der erste Reis angebaut
			In China wird die Seidenraupe domestiziert
			Pferde werden in Südrußland domestiziert
			Ägyptische Handelsschiffe befahren erstmals das Mittelmeer
			Im Vorderen Orient wird die Bilderschrift erfunden
		3000	Im Vorderen Orient entstehen die ersten Bronzewerkzeuge
	Bronzezeit		Das Stadtleben dringt ins Niltal vor
			Der Pflug wird im Vorderen Orient entwickelt
			Ein genauer, auf astronomischen Beobachtungen basierender Kalender wird in Ägypten aufgestellt
		2800	In England wird mit dem Bau von Stonehenge, dem berühmtesten alten Steinmonument, begonnen
			In Ägypten werden Pyramiden gebaut

Geologie	Archäologie	Jahre v. Chr.	
Holozän *(Fortsetzung)*	**Bronzezeit** *(Fortsetzung)*	**2600**	Eine Vielzahl von Göttern und Helden wird im Gilgamesch-Epos und anderen Epen des Vorderen Orient verherrlicht
		2500	Im Industal entstehen Städte
			Erste nachweisbare Verwendung von Skiern in Skandinavien
			Die erste schriftliche Gesetzessammlung wird in Sumer verfaßt
			Minoische Palastgesellschaften entstehen auf Kreta
		2000	
			Die Verwendung von Bronze in Europa
			Im Tal des Indus werden Huhn und Elefant domestiziert
			Die Eskimokultur beginnt im Gebiet der Beringstraße
		1500	Die Erfindung seetüchtiger Auslegerkanus befähigt den Menschen, Inseln in der Südsee zu erreichen
			In China werden sakrale Bronzeskulpturen geschaffen
			Die Hethiter gründen ein Imperium, dem entfernte Provinzen unterstehen
		1400	Im Vorderen Orient wird Eisen verwendet
			Die erste vollständige Alphabetschrift wird von den Bewohnern der Stadt Ugarit in Syrien ersonnen
			Hebräer führen den Begriff des Monotheismus ein
		1000	In Eurasien wird das Ren domestiziert
	Eisenzeit		Phönizier verbreiten das Alphabet
		900	
		800	Verwendung von Eisen beginnt sich in ganz Europa zu verbreiten
			Das erste Landstraßensystem wird in Assyrien angelegt
			Homer dichtet die *Ilias* und die *Odyssee*
			Berittene Nomaden erscheinen im Vorderen Orient als neue Macht
		700	Gründung Roms
			Erfindung der Schubkarre in China
		200	*Mahabharata* und *Ramajana*, Niederschrift der indischen Götter- und Heldenepen
			Erfindung des Schöpfrades im Vorderen Orient
		0	Das christliche Zeitalter beginnt

Literaturhinweise

Allgemein

Clark, G.: Frühgeschichte der Menschheit. Sonderausgabe. W. Kohlhammer Verlag, Stuttgart 1976

Ebers, E.: Vom großen Eiszeitalter. (Verständliche Wissenschaft, 66). Springer-Verlag, Berlin 1957

Eggers, H. J.: Einführung in die Vorgeschichte. (Serie Piper, 93). Verlag R. Piper & Co., München 1974

Grahmann, R., und H. Müller-Beck: Urgeschichte der Menschheit. W. Kohlhammer Verlag, Stuttgart 1967

Handbuch der Urgeschichte. Bd. I. Ältere und mittlere Steinzeit. Jäger- und Sammlerkulturen. A. Francke Verlag, München 1966

Koenigswald, G. H. R. v.: Die Geschichte des Menschen (Verständliche Wissenschaft, 74). Springer-Verlag, Berlin 1968

Müller-Karpe, H.: Einführung in die Vorgeschichte. (Beck'sche Elementarbücher). C. H. Beck'sche Verlagsbuchhandlung, München 1975

Müller-Karpe, H.: Geschichte der Steinzeit. (Beck'sche Sonderausgabe). C. H. Beck'sche Verlagsbuchhandlung, München 1974

Müller-Karpe, H.: Handbuch der Vorgeschichte. Bd. I. Altsteinzeit. Bd. II. Jungsteinzeit. C. H. Beck'sche Verlagsbuchhandlung, München 1966 und 1969

Narr, K. J. (Hg.): Handbuch der Urgeschichte. Bd. I. Ältere und mittlere Steinzeit. Jäger- und Sammlerkulturen. A. Francke Verlag, München 1966

Archäologie, Kulturgeschichte

Bandi, H.-G., H. Breuil und L. Berger-Kirchner: Die Steinzeit. 40000 Jahre Felsbilder. Kunst der Welt. Ihre geschichtlichen, soziologischen und religiösen Grundlagen. Holle-Verlag, Baden-Baden 1962

Coles, J.: Erlebte Steinzeit. Experimentelle Archäologie. Verlagsgruppe Bertelsmann, Gütersloh und München 1976

Baumann, H.: Die Höhlen der großen Jäger. Thienemann Verlag, Stuttgart 1972

Fester, R.: Protokolle der Steinzeit. Kindheit der Sprache. F. A. Herbig Verlagshandlung, München 1974

Handbuch der Archäologie. Jüngere Steinzeit und Bronzezeit in Europa. C. H. Beck'sche Verlagsbuchhandlung, München o. J.

Kühn, H.: Eiszeitkunst. Die Geschichte ihrer Erforschung. (Sternstunden der Archäologie, 4). Musterschmidt-Verlag, Göttingen 1965

Kühn, H.: Höhlenmalerei der Eiszeit, 30000–10000 v. Chr. (Piper Galerie). Verlag R. Piper & Co., München 1975

Entwicklungsgeschichte der Menschen

Bilz, R.: Paläanthropologie. Der neue Mensch in der Sicht einer Verhaltensforschung. Suhrkamp-Verlag, Frankfurt/M. 1971

Ferner, H.: Grundriß der Entwicklungsgeschichte des Menschen. E. Reinhardt Verlag, München 1970

Gerhard, K.: Der Mensch im Dämmerlicht seiner Fossilgeschichte. (Bild d. Menschen i. d. Wissenschaft). Otto Müller Verlag, Salzburg 1973

Grosser, O., und R. Ortmann: Grundriß der Entwicklungsgeschichte des Menschen. Springer-Verlag, Berlin 1970

Heberer, G.: Moderne Anthropologie. Eine naturwissenschaftliche Menschheitsgeschichte. (rororo sachbuch, 6804). Rowohlt Taschenbuch Verlag, Reinbek bei Hamburg 1973

Henschen, F.: Der menschliche Schädel in der Kulturgeschichte. (Verständliche Wissenschaft, 89). Springer-Verlag, Berlin 1966

Howell, F. C.: Der Mensch der Vorzeit. (Das farbige LIFE-Bildsachbuch, 53). Rowohlt Taschenbuch Verlag, Reinbek bei Hamburg 1975

Querner, H.: Stammesgeschichte des Menschen. (Urban-Bücher, 110). W. Kohlhammer Verlag, Stuttgart 1968

Wendt, H.: Ich suchte Adam. Die Entdekkung des Menschen. (rororo sachbuch, 6631). Rowohlt Taschenbuch Verlag, Reinbek bei Hamburg 1967

White, E., und D. Brown: Die ersten Menschen. (Das farbige LIFE-Bildsachbuch, 66). Rowohlt Taschenbuch Verlag, Reinbek bei Hamburg 1977

Personennamenregister

Die Seitenzahlen können sich auch auf Abbildungen beziehen

Sachwortregister

Die Seitenzahlen können sich auch auf Abbildungen beziehen

Danksagungen

Die Herausgeber dieses Buches sind folgenden Personen und Institutionen zu besonderem Dank verpflichtet: Maurice Baudet, Grotte de Cougnac, Frankreich; Jacques Bauer, Medizinische Fakultät, Institut für wissenschaftliche und medizinische Fotografie, Marseilles, Frankreich; Megan Biesele, Austin, Texas; François Bordes, Professor der Geologie, Universität von Bordeaux, Frankreich; Jean Bouchud, Forschungsleiter, Staatliches Forschungszentrum, Paris; Michel Brézillon, Sachverständiger für prähistorische Ausgrabungen in der Gegend von Paris; Bernard Campbell, Professor der Anthropologie, Universität von Kalifornien, Los Angeles; Piero Cassoli, Leiter des Italienischen Instituts für Humanpaläontologie, Rom; Glen Cole, Abteilung für Anthropologie, The Field Museum of Natural History, Chicago; Gérard Cordier, Forschungsassistent, Staatliches Forschungszentrum, Paris; David Damas, Abteilung für Anthropologie, McMaster-Universität, Hamilton, Ontario; Michel Dauvois, Erster Zeichner, Staatliches Forschungszentrum, Paris; Henri Delporte, Kurator des Nationalmuseums, Museum für nationale Frühgeschichte, Saint-Germain-en-Laye, Frankreich; Jean Gaussen, Meuvic-sur-l'Isle, Dordogne, Frankreich; Paolo Graziosi, Leiter des Institutes für Paläontologie, Universität von Florenz, Florenz, Italien; Raymond Grosset, Rapho-Paris; Jean Guichard, Kurator des Nationalmuseums für Vorgeschichte, Les Eyzies, Frankreich; Bruce Heezen, Außerordentlicher Professor der Geologie, Abteilung für Geologie.

Bildquellennachweis

(Die Seitenzahlen stehen vor den Namen derer, die Fotos, Zeichnungen oder Graphiken für diesen Band zur Verfügung gestellt haben.)

Umschlagvorderseite: Walter Johnson nach Mikhail Gerassimow. 7: Aus Préhistoire de l'Art Occidental, André Leroi-Gourhan, Editions Mazenod, Paris, Foto von Jean Vertut. 8: Dr. Léon Pales, Musée de l'Homme. 12/13: Novosti Presseagentur, außer Zeichnung oben rechts von Walter Johnson nach Mikhail Gerassimow. 15: Enrico Ferorelli. 18/19: Zeichnungen von Nicholas Fasciano. 22, 23: Enrico Ferorelli. 26: Karte von Lothar Roth. 27: Enrico Ferorelli. 30/31: Gemälde von Burt Silverman. 34: Foto von Romain Robert. 37: Robert Edwards, South Australian Museum. 40/41: Novosti Presseagentur. 43: Mit freundlicher Genehmigung des American Museum of Natural History. 44: Ken Kay mit freundlicher Genehmigung von Dr. N. J. Shackleton, Universität Cambridge. 46/47: Karte von Lothar Roth. 50/51: Copyright Colorphoto Hans Hinz, Basel. 53: Jerry Pase mit freundlicher Genehmigung von Dr. Philip E. Smith, Universität von Montreal. 54: Dr. Jacques Bauer, Institut de Photographie Scientifique et Médicale, Faculté de Marseille. 57: Jacques Evenou mit freundlicher Genehmigung von Jean Bouchud, Staatliches Forschungszentrum, Paris. 59: Tabellen von Earl L. Kvam. 62: Pierre Boulat mit freundlicher Genehmigung des Musée Antiquités Nationales Saint-Germain-en-Laye. 67: Patrimoine de l'Institut Royal des Sciences Naturelles de Belgique. 71–73: Pierre Boulat mit freundlicher Genehmigung von J. Tixier. 74, 77 links, 79 links, 81 links, 84/85 Mitte: Richard Jeffery mit freundlicher Genehmigung von J. Tixier. 77 rechts, 79 rechts, 81 rechts, 84 links, 85 rechts: Pierre Boulat mit freundlicher Genehmigung von J. Tixier. 89: Masachika Suhara mit freundlicher Genehmigung von Professor Chosuke Serizawa. 90/91, 94: Jean Vertut. 96: Photo Musée d'Aquitaine, cliché Vertut. 100: Sammlung des Musée de l'Homme. 101 links: Bedrich Kocek mit freundlicher Genehmigung des Brno Antropos Museum. 101 rechts: Musei Civici, Reggio Emilia. 103 links: Novosti Presseagentur. 103 rechts: Jean Vertut, Musée de l'Homme. 106: Novosti Presseagentur. 109 oben: Jean Vertut. 109 unten: Foto von René Vital. 111: Sammlung des Musée de l'Homme. 112/113: Jean Vertut. 114: Jean Vertut, Musée des Antiquités Nationales Saint-Germain-en-Laye. 116: Pierre Belzeaux-Rapho, mit freundlicher Genehmigung von Louis Plassard. 117: Jean Vertut. 118/119: Cliché Conservation des Monuments Historiques de Périgueux, Reproduction Interdite. 124 links: Photothèque André Held-ZIOLO. 124 rechts: Morton H. Levine. 128/129: Foto: Sammlung Bégouën, cliché Jean Vertut. 133: Zeichnung des verstorbenen Henri Breuil, mit freundlicher Genehmigung von Breuils Testamentsvollstrecker Arnold Fawcus. 136: Novosti Presseagentur. 139: Aus: Art in the Ice Age: Spanish, Levant Art, Arctic Art von Johannes Maringer und Hans-Georg Bandi, Praeger Publishers, New York, 1953. 140/141: Copyright © Alexander Marshack 1973, nach Alexander Marshack, The Roots of Civilization, McGraw-Hill Book Company, 1972. 143 oben: Pierre Boulat, mit freundlicher Genehmigung von J. Tixier. 143 unten: Zeichnung von Nicholas Fasciano. 144/145: Jean Vertut.